कोविड-19 महामारी

अमिताव बनर्जी

BlueRose ONE.com
Stories Matter
NewDelhi • London

BLUEROSE PUBLISHERS
India | U.K.

BlueRose ONE.com
Stories Matter
NewDelhi • London

For permissions requests or inquiries regarding this publication, please contact:

BLUEROSE PUBLISHERS
www.BlueRoseONE.com
info@bluerosepublishers.com
+91 8882 898 898
+4407342408967

ISBN: 978-93-6261-332-5

Cover design: Rishav Rai
Typesetting: Rohit

First Edition: May 2024

प्रस्तावना

इस स्तंभ के मूल पर कुछ शब्द यथास्थान होंगे।सशस्त्र बलों में समृद्ध पेशेवर करियर से भरी एक घटना के बाद, जिसका बाद का हिस्सा संचारी रोगों के प्रकोप की जांच करने वाले एक क्षेत्रीय महामारीविज्ञानी के रूप में काम करने में व्यतीत हुआ, जनजातीय क्षेत्रों सहित देश के विभिन्न इलाकों में, मैने अधिक शांत जीवन का विकल्प चुना।इस उद्देश्य से, अपनी वर्दी को समय से पहले छोड़ने के बाद, मैंने मेडिकल स्कूल में शिक्षक की नौकरी कर ली।यह एक शांत जीवन के लिए आदर्श होने के साथ-साथ युवा ऊर्जावान लोगों को भी बेहोश कर देता है, जिन्हें अपने ध्यान की सीमा से परे व्याख्यान में भाग लेने के लिए मजबूर किया जाता है।

ठीक उसी समय जब मैं दूसरी सेवानिवृत्ति की तैयारी कर रहा था और अपनी थकी हुई हड्डियों को आराम देने की आशा कर रहा था,वैश्विक स्तर पर उभरती महामारी और प्रतिक्रियाओं का अनुसरण करते हुए मैं और मेरे छात्र नींद से जाग गए।अराजकता और अराजकता के परिणामस्वरूप वायरस के प्रभाव से समान उपाय और अधिक बार,सार्वजनिक स्वास्थ्य के इतिहास में इससे निपटने की प्रतिक्रियाएँ अद्वितीय थीं।

मेरे छात्र और सहकर्मियों के साथ अनौपचारिक चर्चा से नए वायरस के प्रभाव के कुछ आकर्षक पैटर्न सामने आए।मैंने छात्रों को महामारी पर वैश्विक डेटा को सारणीबद्ध करने और विभिन्न देशों के वजन अनुपात और औसत आयु जैसे संभावित जोखिम भरे कारकों के साथ सहसंबंधित करने का कठिन

कार्य दिया।जो काम एक कामकाज के रूप में शुरू हुआ, उसने जल्द ही उत्साह का स्थान ले लिया जब हमने पैटर्न देखा तो पता चला कि महामारी विभिन्न महाद्वीपों की जनसांख्यिकीय और मोटापे की प्रोफाइल से प्रेरित थी अधिकांश भाग में किसी भी नियंत्रण उपाय के बजाय, हाल के सार्वजनिक स्वास्थ्य इतिहास में कठोर और अभूतपूर्व थे।

ये विचार-मंथन सत्र हमारे संस्थान की सीमा से परे चले गए।अक्सर हमें "व्हाट्सएप यूनिवर्सिटी" से भी ट्रिगर्स मिलते थे। एक क्षेत्रीय महामारीविज्ञानी के रूप में बिताए गए वर्षों के दौरान एकत्रित बिखरे हुए विविध टुकड़ों को ऊपर उठाते हुए विचारों का परिवर्तन, जो झूठ बोल रहे थे, सभी अव्यवस्थित हो गए, और धूसर पदार्थ में अव्यवस्था के कारण पोटपौरी के इस व्यंजन को परोसने की सामग्री प्रदान की गई।

ये कॉलम नई दिल्ली और उसके बाद मुंबई से प्रकाशित नेशनल हेराल्ड में छपे, अप्रैल से दिसंबर 2021 तक.मेजर जनरल वीके सिन्हा,सेवानिवृत्त, वरिष्ठ पत्रकार उत्तम सेनगुप्ता से मेरा परिचय कराया,नेशनल हेराल्ड. उनके संयुक्त मार्गदर्शन में इन स्तंभों ने आकार लिया. टाइम्स ऑफ इंडिया के उमेश इसालकर जैसे वरिष्ठ पत्रकारों के साथ मेरे लंबे समय के संपर्क ने मुझे आम लोगों के लक्षित दर्शकों के लिए लेखन की बारीकियों को समझने में मदद की।

जैसे-जैसे ये कॉलम महामारी का वर्णन करते गए, सराहना और आलोचना, समान माप में, इस महामारी में विचारों के ध्रुवीकरण को दर्शाती, आगामी कॉलमों के लिए अंतर्दृष्टि प्रदान की गई। इसके लिए मुझे विशेष रूप से धन्यवाद देना चाहिए,पद्मश्री डॉक्टर चंद्रकांत पांडव जिन्होंने अपने प्रेरक शब्दों से मेरे लेखन को प्रोत्साहित किया। अन्य जिन्होंने बहुमूल्य प्रतिक्रियाएँ प्रदान कीं, वे हैं,डॉ. संजय दाभाड़े (जिन्होंने शीर्षक सुझाया),डॉ. गौतम दास, डॉ. स्थबीर दास गुप्ता, डॉ. सचिन अत्रे, डॉ. सारिका चतुर्वेदी, डॉ. जैकब पुलियेल, डॉ. पल्लव मोइत्रा, डॉ. संजय राय, मेजर जनरल वाई के शर्मा, वीएसएम, सेवानिवृत्त, कर्नल एसके पात्रा, सेवानिवृत्त डॉक्टर हिमाद्री बल, डॉ. सुधीर जाधव, डॉ. हेतल राठौड़, डॉ. काजल श्रीवास्तव, डॉ. स्वाति घोंगे, डॉ. खेडकर, श्री आशीष बनर्जी, और कई सहकर्मी ऑस्टिन कॉलम को डॉ. डीवाई पाटिल

विद्यापीठ, पुणे की प्रो-चांसलर डॉ. भाग्यश्री पाटिल से प्रशंसा मिली। मुझे जीवंत युवा दिमागों से कई प्रेरणाएँ मिलीं, विशेष रूप से आर्यन, हर्ष, उज़ैर, दीप्तार्का, अनुश्री और अर्पण।

भारतीय विज्ञान शिक्षा एवं अनुसंधान संस्थान, पुणे के डॉ. प्रणय गोयल, उनके अंतर्दृष्टिपूर्ण सिंगल लाइनर्स द्वारा अक्सर पूर्ण कॉलम शुरू किए जाते थे।

मैं अपनी शोध टीम के योगदान को रिकॉर्ड में रखना चाहता हूं,वह निवासी है जिसमें स्वेता, विश्वजीत, कविता, संदीप, वल्लरी, ग्रेसिया, प्रेरणा, निरंकुश, दीपू, जॉनसन और अनिल शामिल हैं।

मैं भारतीय प्रौद्योगिकी संस्थान, बॉम्बे के प्रोफेसर भास्करन रमन को उनके रेखाचित्रों के लिए धन्यवाद देता हूं जो शब्दों से अधिक बोलते हैं।

मैं दो प्रतिभाशाली नेत्र सर्जनों का बहुत आभारी हूँ, डॉ. अखिल भारद्वाज और डॉ. जीवन काले, जिन्होंने इस अवधि के दौरान मेरे द्वारा विकसित रेटिना डिटेचमेंट का प्रबंधन किया।समय पर और कुशल सर्जरी और बाद में उनके श्रमसाध्य प्रयासों से दृश्य पुनर्वास ने मुझे अपनी दृष्टि वापस पाने में मदद की, जिससे मैं बिना किसी रुकावट के इन स्तंभों को जारी रखने में सक्षम हुआ।

घर में कोई भी व्यक्ति हीरो होने का दावा नहीं कर सकता. मैं एक ही विषय पर मेरे जुनून को बर्दाश्त करने के लिए अपने करीबी और विस्तारित परिवार का आभारी हूं। मेरी पत्नी तापसी को इस पागलपन का खामियाजा भुगतना पड़ा और वह सर्वोच्च प्रशंसा की पात्र है। अन्य में अनुभा, अंकन, अरुंधति और सौरव शामिल हैं। मैं अरुंधति का दर्द महसूस करता हूं जिन्होंने इस महामारी में अपने पिता को खो दिया।

मुझे यकीन है कि ऐसे कई लोग हैं जिन्हें मैं उल्लेख करने में विफल रहा हूं-मैं उनसे क्षमा चाहता हूं।

अमिताव बनर्जी

पुणे

26 जनवरी 2022

अनुक्रमणिका

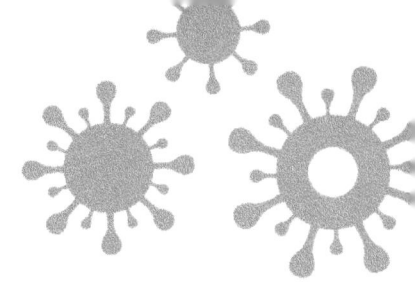

वायरस की घातकता से नहीं, भारी संख्या से फैली दहशत की महामारी

हो सकता है कि राजनीति और वाणिज्य ने विज्ञान पर विजय प्राप्त कर ली हो। भारत में दशकों से तपेदिक के लिए एक टीका मौजूद है, लेकिन भारतीय आबादी पर इसका प्रभाव शून्य है।

दहशत की महामारी मध्ययुगीन युग की याद दिलाती है।नियंत्रण का भ्रम देकर और बनाए रखकर जल्दबाजी में निर्णय लिए गए। इन कच्चे और अनाड़ी उपायों ने समाज को खंडित कर दिया है और इसका दीर्घकालिक आर्थिक प्रभाव पड़ेगा।

दुनिया इस संकट तक कैसे पहुँची?चूँकि इस महामारी की उत्पत्ति चीन के हुबेई जिले के वुहान में हुई थी,यह देश इस मैराथन में गतिनिर्धारक बना। अधिकांश देशों का शत्रु होने के नाते चीन ने जो भी कठोर कदम उठाए, उसकी पश्चिमी मीडिया और यहां तक कि डब्ल्यूएचओ ने भी आलोचना की।डब्ल्यू एच ओ प्रतिनिधि ने टिप्पणी की कि चीन के हुबेई जिले में 56 मिलियन लोगों का लॉकडाउन सार्वजनिक स्वास्थ्य इतिहास में अभूतपूर्व था और निश्चित रूप से इसे डब्ल्यू एच ओ द्वारा अनुमोदित नहीं किया गया था। पश्चिमी मीडिया और कानूनी विशेषज्ञों ने चीन की कार्रवाइयों को 'कठोर', 'गंभीर', 'अत्यधिक' और 'विवादास्पद' करार दिया, जिससे वायरस को नियंत्रित करना संभव नहीं

है।उन्होंने लॉकडाउन के असंवेदनशील और सत्तावादी होने के काले पक्ष पर जोर दिया|

किसने कल्पना की होगी कि चीन ने प्रभावी ढंग से गति-निर्माता के रूप में अपनी भूमिका निभाई है और लोकतंत्र सहित राष्ट्र-दर-राष्ट्र इन उपायों को लागू करने में चीन से आगे निकल जाएंगे। ऐसा लगता है कि ऐसे कठोर उपायों के अंधेरे पक्ष और सत्तावाद के बारे में चिंताओं को भुला दिया गया है। महामारी के लगातार बढ़ने पर विशेषज्ञों ने 'वक्र को समतल करने' और 'संचरण की श्रृंखला को तोड़ने' के लिए इसकी वकालत की।

भ्रामक संकेतों के कारण क्रॉस कंट्री मैराथन समय से पहले ही भटक गई।शुरुआती दिनों में वायरस की घातकता को बहुत अधिक आंका गया था क्योंकि इसकी गणना अस्पताल में भर्ती मामलों से की गई थी जिनमें ज्यादातर बुजुर्ग शामिल थे।महामारी के शुरुआती दिनों में इटली में घातक मामलों की औसत आयु 80 वर्ष थी।मार्च 2020 में लैंसेट ने सुझाव दिया कि मामले की मृत्यु दर 20% तक हो सकती है।सीरोसर्वे सहित बाद के अध्ययनों ने संक्रमण की मृत्यु दर को 0.27% तक कम कर दिया क्योंकि अधिकांश शुरुआत लक्षण रहित हैं और समुदाय में हल्के मामलों का पता केवल जनसंख्या सर्वेक्षण के दौरान एंटीबॉडी स्तर से लगाया जाता है।हालाँकि, पहली छाप आखिरी होती है। उच्च घातकता की प्रारंभिक धारणा आज भी जनता के बीच दहशत पैदा कर रही है।अभूतपूर्व और अप्रत्याशित दूसरी लहर में हमारे देश को वर्तमान में अस्पताल के बिस्तरों और ऑक्सीजन की कमी का सामना करना पड़ रहा है, जिससे यह और बढ़ गया है।दरअसल आईसीएमआर द्वारा किए गए राष्ट्रीय स्तर के सीरोसर्वे के तीसरे दौर के अनुसार, हमारे देश में संक्रमण मृत्यु दर मोटे तौर पर 0.05% होने का अनुमान लगाया जा सकता है।

दूसरी लहर में, हम संख्या से अभिभूत थे, न कि केवल वायरस की घातकता से। महामारी ने हमारे सार्वजनिक स्वास्थ्य के बुनियादी ढांचे और स्वास्थ्य सेवाओं के असमान वितरण में दरार को उजागर किया।बड़े शहरों में केंद्रित स्वास्थ्य प्रणाली का कॉर्पोरेट मॉडल, महामारी जैसी सार्वजनिक स्वास्थ्य आपात स्थिति का सामना करने के लिए तैयार नहीं है।सामान्य समय में भी,

स्वास्थ्य सेवाओं पर अपनी जेब से खर्च करने के कारण कई गरीब परिवार गरीबी रेखा से नीचे चले जाते हैं।आपूर्ति और मांग के इस बेमेल के कारण, हमारे सामने एक गंभीर आपातकाल था, लेकिन यह पूरी तरह से कोविड के कारण नहीं था। आम आदमी को पर्याप्त चिकित्सा देखभाल की कमी की गंभीर स्थिति का सामना करना पड़ा, जिसका सामना गरीबों और हाशिए पर रहने वाले लोगों को वर्षों से करना पड़ रहा है।

वैज्ञानिक समुदाय भी इस कथानक को जल्दी भूल गया,कभी-कभी चूक से और कभी-कभी, अफसोस के साथ, कमीशन द्वारा।महामारी विज्ञान निगरानी के बजाय कंप्यूटर सिमुलेशन पर आधारित भविष्यवाणी मॉडल ने प्रलय की भविष्यवाणी की।इनसे सदमा और खौफ पैदा हुआ। वैज्ञानिक सत्यनिष्ठा से संबंधित संदेह अधिक गंभीर हैं।ब्रिटिश मेडिकल जर्नल (बीएमजे)

के. अब्बासी की एक संपादकीय, जिसका शीर्षक है, 'कोविड-19, राजनीतिकरण, भ्रष्टाचार और विज्ञान का दमन',यह विज्ञान के बारे में या महामारी के दौरान इसकी कमी के बारे में चिंताएँ बढ़ाता है। यह स्पष्ट रूप से सामने रखता है कि राजनेताओं और सरकार द्वारा सार्वजनिक हित में विज्ञान को दबाया जा रहा था।शिक्षाविदों, शोधकर्ताओं और व्यावसायिक लॉबी के हितों का टकराव इस मुद्दे को और अधिक संदिग्ध बना रहा है।

वैज्ञानिक बहस ने कोविड-19 नियंत्रण के मुद्दों पर विभाजन के दोनों पक्षों के प्रतिष्ठित वैज्ञानिकों के साथ ध्रुवीकरण का मार्ग प्रशस्त किया। पेशेवर नतीजों के डर से अधिकांश लोग चुप थे। राजनीति और व्यावसायिक हितों ने विज्ञान ड्राइविंग नीति का स्थान ले लिया। न्यू इंडियन एक्सप्रेस ने 20 सितंबर 2020 को आरोप लगाया कि भारतीय चिकित्सा अनुसंधान परिषद (आईसीएमआर) राजनीतिक प्रभाव में है, कोविड-19 प्रसार के प्रसार का आकलन करने के लिए किए गए सीरोसर्वे के महत्वपूर्ण डेटा को फ़ायरवॉल किया गया। ऐसी रिपोर्टें वैज्ञानिकों पर से जनता का भरोसा कम करती हैं।

जैसा कि बीएमजे संपादकीय में बताया गया है,यहां तक कि विकसित देशों में भी राजनीति वैज्ञानिक रिपोर्टों में हस्तक्षेप करती है। अमेरिकी स्वास्थ्य विभाग के भीतर राजनीतिक नियुक्तियों ने रोग नियंत्रण और रोकथाम केंद्र द्वारा प्रकाशित कोविड-19 से संबंधित वैज्ञानिक बयानों की समीक्षा और संशोधन करने की मांग की।यूनाइटेड किंगडम में, सरकारी सलाहकारों ने आपात्कालीन स्थितियों के लिए वैज्ञानिक सलाहकार समूह (एस ए जी इ) के विचार-विमर्श को प्रभावित किया।

संकट में,चीन के लॉकडाउन जैसे दमनकारी कदमों का अनुकरण करते हुए हमें सबसे खराब साम्यवाद का सामना करना पड़ा है और पूंजीवाद का सबसे बुरा हाल यह है कि जैसे-जैसे महामारी आगे बढ़ी, बाज़ार की ताकतों ने कथा को अपने कब्जे में ले लिया। अवसरवादी राजनेताओं और करियर वैज्ञानिक को मार्ग में समर्थन मिला।

वैश्विक आपदा में, विश्व के नेता, कैरियर वैज्ञानिक सहित उनके वैज्ञानिक सलाहकार भारी दबाव में हैं। उन्हें नियंत्रण में होने का आभास देना होगा और प्रिय अनिश्चितताओं को छिपाने के लिए सत्तावादी तरीकों का सहारा लेना पड़ सकता है। ऐसी युक्तियाँ वैज्ञानिक दृष्टिकोण से भटक गईं।महामारी ऐसी ही अनिश्चितताओं से भरी थी और दमन का दुष्चक्र तब शुरू हुआ जब अधिकारियों और उनके सलाहकारों को बढ़ती मामलों की संख्या या असहमतिपूर्ण विचारों का सामना करना पड़ा।

उचित सावधानियां न बरतने के लिए लोगों को दोषी ठहराने की प्रवृत्ति थी,जिनमें से अधिकांश घनी आबादी वाले देशों में सामाजिक दूरी जैसी कठिनाइयां हैं। यहां तक कि एक चुटकुला भी प्रसारित हो रहा था कि यदि सभी भारतीयों को सामाजिक दूरी बनाए रखनी है,हम पड़ोसी देशों में घुसेंगे!और इनमें से अधिकांश गैर-औषधीय हस्तक्षेप कंप्यूटर सिमुलेशन पर आधारित थे जो मनुष्यों को निष्क्रिय इकाइयों के रूप में मानते थे, न कि सामाजिक प्राणियों के रूप में जो अपने से अलग पर्यावरण बुलबुले में नहीं रह सकते। ऐसा करने का प्रयास मनोवैज्ञानिक विकारों के माध्यम से स्वास्थ्य को अधिक नुकसान पहुंचाता है।

जिन बच्चों को स्कूली शिक्षा और सामाजिक विकास में घाटा हो रहा है, उनकी आकस्मिक क्षति भी काफी थी। और निस्संदेह लोगों की आजीविका चली गई, जिसका परिणाम जीवन की हानि के रूप में सामने आया।

वैक्सीन के आगमन ने कई दुविधाएं भी ला दीं।ऐसा लग रहा था कि विश्व चिकित्सा सर्वसम्मति कोरोना के ख़िलाफ़ जीत हासिल करेगी, अर्थात, रोग का नाश| यह सार्वजनिक स्वास्थ्य इतिहास में अभूतपूर्व है। टीके ज़मीन पर उतर चुके थे।जनसंख्या स्तर पर प्रभावशीलता डेटा की भविष्यवाणी करना बहुत जल्दी था। प्रभावशीलता के अनिश्चित इनपुट के साथ सामूहिक टीकाकरण से बाहर जाना एक बड़ा जुआ था। हमारे पास दशकों से तपेदिक के खिलाफ एक टीका है जिसका भारतीय आबादी में तपेदिक को रोकने में शून्य प्रभाव है। इसके अतिरिक्त, ऐसी चिंताएँ हैं कि आबादी का बेतरतीब और अधूरा टीकाकरण उत्परिवर्ती उपभेदों को ट्रिगर कर सकता है।इन सभी चिंताओं के साथ-साथ नोवेल कोरोना वायरस से संबंधित अन्य सभी चिंताओं पर भी अधिक विस्तृत शोध की आवश्यकता है।

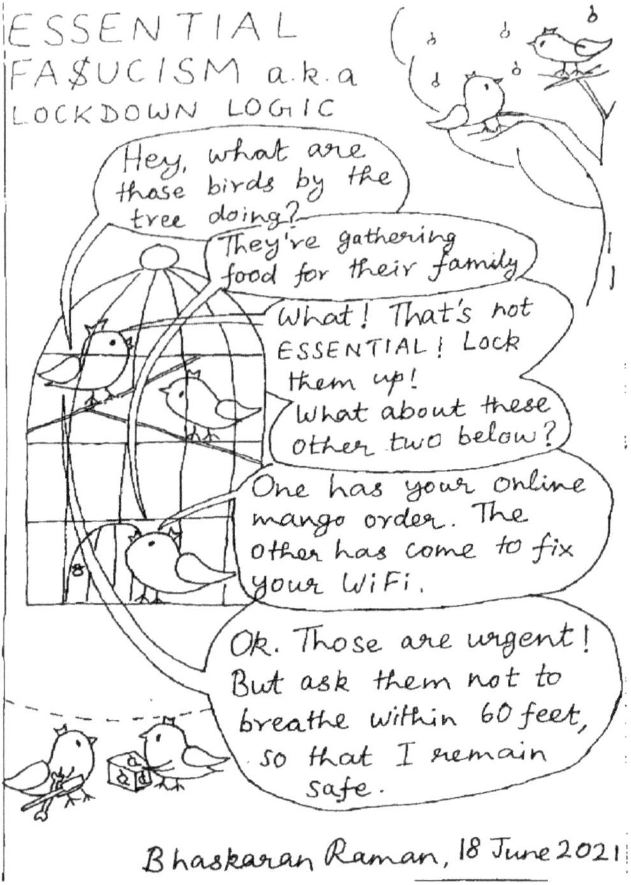

वैज्ञानिक सिद्धांत के रूप में वैराग्य और संतुलन के साथ विविध मतों पर विचार करने और उन्हें उचित वैज्ञानिक जांच के अधीन करने में सक्षम होना चाहिए। दुर्भाग्य से, ऐसे दृष्टिकोण का अभाव था|आम सहमति के विपरीत किसी भी राय को सेंसर न किए जाने पर कालीन के नीचे दबा दिया जाता था। पारदर्शिता की जगह अस्पष्टता और अस्पष्टता थी। सरकार के सलाहकार पदों पर बैठे वैज्ञानिकों में वैज्ञानिक अखंडता के लिए खड़े होने का नैतिक साहस समय की मांग थी।

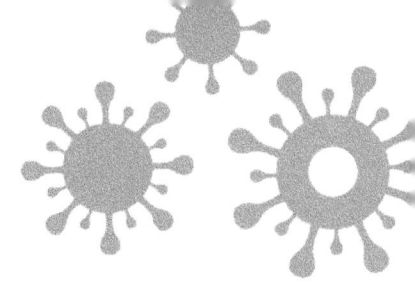

सामूहिक टीकाकरण पर दूसरा विचार।

निगरानी, निगरानी और देशव्यापी सीरोसर्वे के बिना टीकाकरण मददगार नहीं है, यह पुरानी जर्जर पटरियों पर सुपरफास्ट ट्रेन चलाने जैसा है।वैक्सीन एक शक्तिशाली हथियार है और इसे रणनीतिक रूप से तैनात करने की आवश्यकता है।

एलन मस्क ने मशहूर टिप्पणी की थी कि वह और उनका परिवार कोविड-19 वैक्सीन नहीं लेंगे।एक सेलिब्रिटी बहुअरबपति और उद्यमी की ओर से आए इस तरह के बयान से कई लोगों के बीच वैक्सीन के प्रति झिझक को बढ़ावा मिलने की संभावना है। वहीं दूसरी ओर, ऑक्सीजन और अस्पताल के बिस्तरों की कमी की रिपोर्ट के साथ अभूतपूर्व दूसरी लहर ने जनता में निराशा पैदा कर दी, जो मानते थे कि बड़े पैमाने पर टीकाकरण से महामारी रुक जाएगी।यह टीकाकरण केंद्रों पर भीड़ और पंजीकरण के लिए ऑनलाइन साइट कोविन एप्लिकेशन के बार-बार क्रैश होने से स्पष्ट था।दोनों चरम स्थितियाँ, एक तरफ सार्वजनिक हस्तियों द्वारा टीके को सिरे से खारिज करना, और दूसरे पर जनता द्वारा टीका लगवाने की प्रशंसा, किसी भी महामारी के खिलाफ लड़ाई पर प्रतिकूल प्रभाव डाल सकती है।

नोवल कोरोना वायरस के खिलाफ वैक्सीन एक मजबूत और शक्तिशाली हथियार है। आधुनिक परिशुद्धता और जीनोमिक प्रौद्योगिकी का चमत्कार। और सभी मजबूत हथियारों की तरह,इसे न तो रोका जाना चाहिए और न ही

अंधाधुंध उपयोग किया जाना चाहिए, बल्कि लागत प्रभावी तरीके से अधिकतम लाभ प्राप्त करने के लिए रणनीतिक रूप से तैनात किया जाना चाहिए।महामारी के खिलाफ दीवार के जनरलों को इस तोपखाने, वैक्सीन के लाभों के साथ-साथ खतरों से भी परिचित होना चाहिए।

"इसलिए जो लोग हथियारों के इस्तेमाल से होने वाले नुकसानों के बारे में पूरी तरह से जागरूक नहीं हैं, वे हथियारों के इस्तेमाल में होने वाले फायदों के बारे में भी पूरी तरह से जागरूक नहीं हो सकते हैं" सन त्ज़ु [युद्ध की कला]।

सन त्ज़ु, विडम्बना से, 500 ईसा पूर्व के आसपास एक चीनी जनरल था जिसकी युद्ध कला संधियाँ आज तक सैन्य सोच और रणनीति को प्रभावित करती हैं। वह अपनी रणनीति को उस वायरस से निपटने के लिए भी लागू कर सकते हैं जिसकी उत्पत्ति उनकी मातृभूमि चीन में हुई थी|

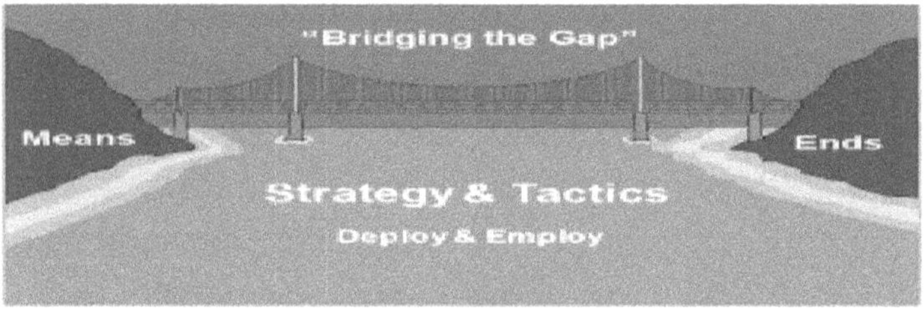

एक अच्छे जनरल की तरह,हमें अपना गोला-बारूद सुरक्षित रखना चाहिए था,टीका. एक अच्छा सैन्य कमांडर,अपने भारी गोला-बारूद को तैनात करने से पहले भूमि का सर्वेक्षण करता है,तोपखाने. इस सादृश्य का उपयोग करते हुए, हमें महामारी के शुरुआती चरणों के दौरान सभी के लिए टीका खोलने के बजाय टीकाकरण को प्राथमिकता देने के लिए अपने लॉजिस्टिक्स और महामारी विज्ञान डेटा द्वारा निर्देशित होना चाहिए था। सभी मोर्चों पर एक साथ लड़ने से स्वास्थ्य कार्यकर्ताओं और संसाधनों की सेना खत्म हो जाती है और, लीक हुई वैक्सीन के साथ, हमारी बड़ी आबादी को देखते हुए शायद ही कोई प्रभाव पड़ता है।

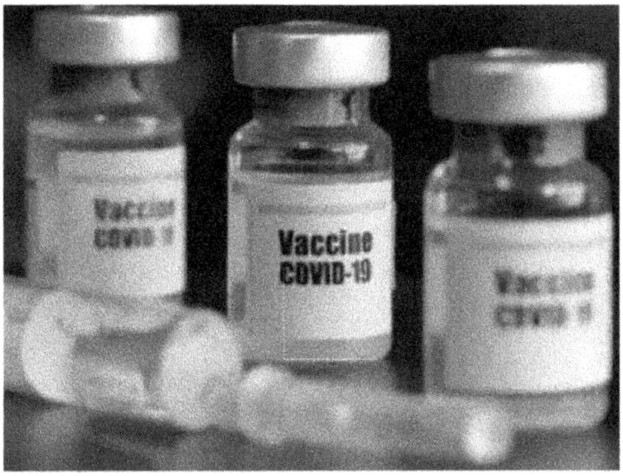

अफसोस की बात है, राष्ट्रीय विशेषज्ञों द्वारा समय-समय पर सलाह देने के बावजूद, किसी ने भी इन हकीकतों पर ध्यान नहीं दिया। डॉक्टर एनके अरोड़ा, प्रमुख, संचालन अनुसंधान समूह, भारतीय चिकित्सा अनुसंधान परिषद (आईसीएमआर) , ने टाइम्स ऑफ इंडिया में 12 अप्रैल, 2021 को एक राय लेख लिखा,शीर्षक है, 'अभी युवा वयस्कों के लिए टीके खोलना जीवन के साथ एक जुआ होगा।' उन्होंने लॉजिस्टिक चुनौतियों और इस रणनीति के पीछे के विज्ञान के बारे में बताया। उन्होंने कहा कि यदि हम अनंत संसाधनों वाले यूटोपिया में रहते, तो सभी वयस्कों को टीकाकरण करना सही अर्थ होता। तथापि, वास्तविकता यह थी कि हम टीकों की सीमित आपूर्ति के साथ एक उग्र महामारी के बीच में थे। इसका उद्देश्य संक्रमण से होने वाली मौतों और अस्पताल में भर्ती होने को कम करना था। इस बात के सीमित प्रमाण थे कि वर्तमान टीका संचरण को बाधित कर सकता है। बिना सहरुग्णता वाले युवा वयस्क शायद ही कभी अस्पताल पहुंचे या संक्रमण से मर गए।इसलिए युवाओं को टीका लगाना लागत प्रभावी नहीं होगा। जो करने की आवश्यकता थी वह उन मौतों को रोकना था जिनमें से अधिकांश वृद्धावस्था समूहों में हुई थीं। डॉ. अरोड़ा ने बड़े पैमाने पर और अंधाधुंध टीकाकरण अभियानों के परिणामस्वरूप उत्परिवर्ती उपभेदों के उभरने की संभावना के बारे में भी चेतावनी दी।

एकदम सही अर्थ निकाला। हालाँकि बाद की घटनाओं से संकेत मिलता है कि इस महामारी में तर्क और विज्ञान पर बहुत कम ध्यान दिया जा रहा है। इस सिफ़ारिश के कुछ हफ़्ते के भीतर, कई राज्य सरकारों ने 18 वर्ष से अधिक उम्र के सभी वयस्कों के टीकाकरण की घोषणा की है।कुछ लोग इसे मुफ़्त भी घोषित कर रहे हैं। गैलरी में बजाना. लोकलुभावन लोकतंत्र का एक छिपा हुआ उदाहरण। इस प्रत्यक्षतः कल्याणकारी उपाय के किसी भी विरोध को 'वैक्सीन झिझक' का नाम दिया गया। ......""सरकार के नौकरशाहों और वैज्ञानिक सलाहकारों को इस प्रकार कलंकित किया गया, और वे दुष्परिणाम के डर से चुप रह गए।इस माहौल में समूह की सोच प्रबल थी और सभी बैंडबाजे पर सुरक्षित महसूस करते थे। विडम्बना से, बाद में महामारी में, यहां तक कि डॉक्टर एनके अरोड़ा ने बच्चों के टीकाकरण के संबंध में भारत सरकार की राष्ट्रीय तकनीकी सलाहकार (एनटीएजीआई) की आपत्तियों को खारिज कर दिया!एक अवसरवादी कैरियर वैज्ञानिक का एक आदर्श उदाहरण!

दुर्भाग्य से, सटीक चिकित्सा और जीनोमिक्स जैसी उल्लेखनीय वैज्ञानिक प्रगति, जिसने रिकॉर्ड समय में टीका विकास को आगे बढ़ाया, ने इनके समर्थकों और जनता को सामान्य ज्ञान से वंचित कर दिया। जब बाजार की ताकतें शामिल हुई, तो स्थिति और खराब हो गई। वुडी एलन एनी हॉल में कहते हैं, "...बुद्धिजीवियों के साथ यही बात है, वे बिल्कुल प्रतिभाशाली हो सकते हैं, लेकिन फिर भी उन्हें पता नहीं होता कि क्या हो रहा है।"

दूसरी लहर की भयावह गति और उसके बाद नवीनतम संस्करण, ओमीक्रॉन, जिसने देश में धूम मचा दी, के कारण,यह स्पष्ट हो गया कि जनसंख्या का बड़े पैमाने पर टीकाकरण हमारी आबादी के बीच प्राकृतिक संक्रमण की गति को नहीं पकड़ पाएगा। और इनमें से अधिकांश संक्रमण स्पर्शोन्मुख या हल्के थे, विशेषकर ओमीक्रॉन के साथ|इस परिदृश्य के विरुद्ध,हमारे देश में एक ऐसी बीमारी के लिए बड़े पैमाने पर आबादी का टीकाकरण करना संसाधनों का व्यर्थ उपयोग था, जिसका युवा और स्वस्थ लोगों पर बहुत कम प्रभाव पड़ता था।

राष्ट्रीय स्तर के सीरोसर्वे के तीसरे दौर के अनुसार, हमारी लगभग 21% आबादी पहली लहर के दौरान ही वायरस का सामना कर चुकी थी। दूसरी लहर के फैलने की गति और उसके पैमाने को देखते हुए, यह बहुत संभव है कि वैक्सीन पहुंचने से पहले ही 30 से 50% आबादी संक्रमित हो गई हो।दूसरी लहर के अंत में हमारी लगभग 50 से 70% आबादी प्राकृतिक संक्रमण के कारण जनसंख्या प्रतिरक्षा के कुछ स्तर तक पहुंच गई, जैसा कि सीरोसर्वेक्षण से पता चला है। प्राकृतिक संक्रमण से उबर चुके लोगों को टीका लगाने का कोई वैज्ञानिक तर्क नहीं है, चाहे "विशेषज्ञ" अनुमानों के आधार पर कहें, न कि वास्तविक डेटा या इम्यूनोलॉजी के सिद्धांतों पर।

सामूहिक टीकाकरण से संबंधित अन्य मुद्दे भी हैं जो जनता के बीच टीकाकरण के प्रति झिझक पैदा कर सकते हैं। यदि टीकाकरण के बाद प्रतिकूल घटनाओं की निगरानी और निगरानी के लिए सीमित संसाधनों के साथ लाखों लोगों को पहली गति से टीका लगाया जाता है,तो कुछ प्रतिकूल घटनाएं और मौतें होने की संभावना है जो पूरी तरह से संयोग हो सकती हैं और टीकों से संबंधित नहीं हैं। फिर भी, आम धारणा यह है कि इसका श्रेय वैक्सीन को दिया जाता है, जिससे वैक्सीन को लेकर झिझक पैदा होती है। यह एक झटका होगा जिससे कमजोर लोगों को भी वैक्सीन देना मुश्किल हो जाएगा।

कठिन विज्ञान का अभ्यास और पालन करना,जनसंख्या स्तर की प्रतिरक्षा का आकलन करने के लिए दूसरी लहर समाप्त होने के बाद हमें देशव्यापी

सीरो सर्वेक्षण करना चाहिए था। हमें एंटीबॉडी वाले लोगों और उन लोगों को भी टीका लगाने से बचना चाहिए जिनकी अतीत में आरटीपीसीआर रिपोर्ट सकारात्मक रही है। इससे बहुत सारे टीकों और संसाधनों की बचत होगी जिन्हें उन लोगों पर केंद्रित किया जा सकता था जिन्हें वास्तव में टीके की आवश्यकता थी जैसे स्वास्थ्य देखभाल कार्यकर्ता, फ्रंट लाइन कार्यकर्ता, बुजुर्ग और मोटापे और सह-रुग्णता वाले लोग|विज्ञान को जारी रखने के लिए हम बड़े समूहों का अनुसरण कर सकते थे जो पिछले संक्रमणों से उबर चुके थे, यह देखने के लिए कि क्या वे दोबारा संक्रमित हुए हैं। हम विज्ञान द्वारा निर्देशित अपनी टीकाकरण नीति को संशोधित कर सकते थे यदि हमें प्रशंसनीय संख्या में पुन: संक्रमण के मामले मिले जो काफी गंभीर थे।

महामारी में गति स्प्रिंट की गति से मैराथन दौड़ने जैसी थी। डायग्नोस्टिक परीक्षण से लेकर सब कुछ, जिस पर इतने सारे नीतिगत निर्णय लिए गए, लॉकडाउन, अधिकांश उपचार व्यवस्थाएँ,और तीव्र गति से विकसित टीके, सार्वजनिक स्वास्थ्य के इतिहास में अभूतपूर्व आपातकालीन उपयोग प्राधिकरण मोड पर थे।

चिकित्सा सहमति इस मैराथन के अंतिम चरण तक पहुंच गई थी, या ऐसा समझें कि उन्मूलन की अंतिम रेखा तक पहुंच गई थी। राजनेता और जनता समान रूप से सोचते हैं कि टीके कोरोना वायरस को खत्म कर देंगे। लेकिन सार्वजनिक स्वास्थ्य का इतिहास इस आशा का समर्थन नहीं करता है। केवल एक ही बीमारी, चेचक को उसका टीका आने के डेढ़ सौ साल से भी अधिक समय बाद ख़त्म किया जा सका। यह एक ऐसी बीमारी थी जिसके लिए किसी परिष्कृत निदान परीक्षण की आवश्यकता नहीं थी,इसमें उप-नैदानिक और स्पर्शोन्मुख संक्रमण नहीं थे, आम लोगों द्वारा भी मामलों की पहचान की जा सकती थी और उन्हें अलग किया जा सकता था और चेचक का वायरस वास्तव में जानवरों में नहीं था। इनमें से कोई भी मानदंड कोरोना वायरस पर लागू नहीं होता है।

इन वास्तविकताओं को देखते हुए, इस मैराथन में विराम लेने का समय आ गया है,और समीक्षाएँ विज्ञान और सामान्य ज्ञान पर आधारित रणनीति हैं

और प्रयोगशाला वैज्ञानिकों के सुरंग दर्शन पर आधारित नहीं हैं, चाहे वे कितने भी प्रतिभाशाली हों, और राजनीतिक व्यय।

इस अंत की ओर और 29 अप्रैल को प्रकाशित देश के शीर्ष वैज्ञानिकों के खुले पत्र में सरकार से कोविड-19 परीक्षण पर डेटाबेस तक पहुंच की मांग की गई।आईसीएमआर जैसी सरकारी एजेंसियों द्वारा एकत्र किया गया डेटा साक्ष्य आधारित सार्वजनिक स्वास्थ्य नीति चला सकता है। कोविड-19 परीक्षण के लिए नमूना जमा करने वाले प्रत्येक व्यक्ति की उम्र, स्थान, स्वास्थ्य और टीकाकरण की स्थिति का डेटा आसानी से सुलभ बनाया जाना चाहिए। ऐसा डेटा टीकाकरण के लिए समूहों को प्राथमिकता देने में मदद कर सकता है, हमें समवर्ती बीमारी की भूमिका को समझने में मदद कर सकता है और टीकों की प्रभावकारिता के मूल्यांकन को सक्षम कर सकता है।

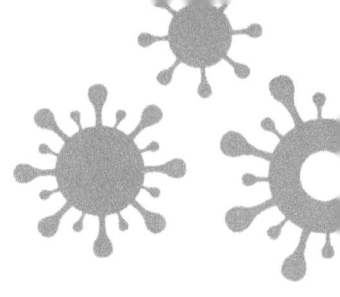

अपेक्षाकृत युवा भारतीयों की कोविड-19 से मृत्यु का कारण क्या है?

ठोस निष्कर्ष निकालने के लिए पर्याप्त डेटा और अध्ययन मौजूद नहीं हैं। लेकिन युवाओं और मोटापे से ग्रस्त लोगों का एक बड़ा वर्ग और उनमें से ग्रामीण और शहरी दोनों क्षेत्रों में कई लोग इस बात से अनजान हैं कि वे मधुमेह से पीड़ित हैं।

इस महामारी की दूसरी लहर के दौरान सबसे भयानक प्रभावों में से एक यह था,इस समय के आसपास, यह वायरस अधिकतर युवा लोगों पर हमला कर रहा था। आग में घी डालने का काम संक्रमण के शिकार युवा रोगियों के ज्वलंत वर्णन, या इससे भी अधिक परेशान करने वाली बात, बच्चों में गंभीर जटिलताओं के वर्णन से हुई। इतना ही नही, चिकित्सा सर्वसम्मति से यह अनुमान लगाया गया कि तीसरी लहर बाल चिकित्सा आयु वर्ग को प्रभावित करेगी। चौबीसों घंटे काम करने वाले अच्छे चिकित्सकों के इनपुट से इस धारणा को बल मिला। मीडिया रिपोर्टों ने आबादी में दहशत फैला दी।

महामारी विज्ञान के आकर्षक अनुशासन की तुलना शतरंज से की जा सकती है। वह महामारी विशेषज्ञ पूरा बोर्ड देखता है. डॉक्टरों के रूप में,हम सभी क्लिनिकल मेडिसिन से शुरुआत करते हैं और अधिकांश लोग इसी धारा में बने रहते हैं। कुछ लोगों ने महामारी विज्ञान और सार्वजनिक स्वास्थ्य, कम ग्लैमरस, कुछ हद तक अमूर्त अनुशासन को चुना। यहां तक कि महामारी के

दौरान भी प्रसिद्ध सार्वजनिक हस्तियां होने के नाते प्रख्यात चिकित्सकों से उनके विचार मांगे जाते हैं।

क्लिनिकल मेडिसिन से महामारी विज्ञान में परिवर्तन एक शतरंज खिलाड़ी के मास्टर स्तर तक विकसित होने के समान है। महामारी में, चिकित्सकों और महामारी विज्ञानियों के दृष्टिकोण अलग-अलग होंगे। चिकित्सकों ने संकटों में बहुत योगदान दिया, कुछ ने तो अपनी जान देकर भी। नतीजतन,उपचार व्यवस्था में सुधार हुआ, मृत्यु दर में काफी कमी आई। तथापि, वे आबादी में महामारी की गतिशीलता को देखने के लिए आदर्श स्थिति में नहीं हैं।

पहली लहर की तुलना में दूसरी लहर में कोविड-19 से प्रभावित लोगों की आयु प्रोफ़ाइल में कोई उल्लेखनीय अंतर नहीं था। यह बात अप्रैल 2021 के अंत में डॉक्टर वी के द्वारा एक आधिकारिक ब्रीफिंग में कही गई थी। पॉल, एक बाल रोग विशेषज्ञ, नीति आयोग के सदस्य और भारतीय चिकित्सा अनुसंधान परिषद (आईसीएमआर) के महानिदेशक डॉ. बलराम भार्गव। उन्होंने विस्तार से बताया कि दूसरी लहर में 32% मामले 30 साल से कम उम्र के थे, जबकि पहली लहर में यह संख्या 31% थी। दूसरी लहर में मरीजों की औसत आयु 49 वर्ष थी जबकि पिछले वर्ष यह 50 वर्ष थी। पहली लहर में 0 से 19 साल के बीच 4.2% मरीज थे दूसरे में यह 5.8% था; जबकि 20 से 40 साल के ब्रैकेट में पहली लहर में 25% की तुलना में दूसरे में केस लोड का 25% शामिल है।

लैंसेट में नौसिखिया संपादकीय सहित घबराहट क्यों? दूसरी लहर की गति, तीव्रता और उछाल ने सभी को आश्चर्यचकित कर दिया। आइए हम अपनी ताकत और कमजोरी का विश्लेषण करें, जिससे हमें यह अनुमान लगाने में मदद मिलेगी कि हम भविष्य की महामारियों में कैसा प्रदर्शन करेंगे।

अधिकांश एशियाई और अफ़्रीकी देशों की तरह, हमारे पास जनसांख्यिकीय लाभ है। हल्के से मध्यम महामारी के पूर्ण प्रभाव को कम करने के लिए हमारे पास युवा वयस्कों और बच्चों का एक बोर्ड आधार है। स्वीडन, जिसने महामारी के दौरान स्कूल बंद नहीं किया, इस प्रस्ताव का समर्थन करता है। पूरे देश में स्कूल खुले होने के बावजूद, स्वीडिश स्कूली बच्चों और उनके स्कूल स्टाफ के बीच कोई रुग्णता या मृत्यु दर नहीं थी।

बॉडी मास इंडेक्स (बीएमआई) के आधार पर अधिक वजन की व्यापकता की तुलना से पता चलता है कि एशियाई और अफ्रीकी देशों में लगभग 20% की तुलना में पश्चिम के देशों में अधिक वजन की व्यापकता लगभग 60% है। विकासशील देशों की तुलना में विकसित दुनिया में उम्र और मोटापे के कारण कोरोना वायरस से मृत्यु दर 10 से 20 गुना अधिक है।

दो बाहरी देश दिलचस्प विरोधाभासों के साथ इस प्रश्न का सुराग प्रदान करते हैं।

जापान में आयु प्रोफ़ाइल सबसे अधिक है, लेकिन वहां मोटापे की प्रोफ़ाइल पश्चिम की तुलना में एक तिहाई है। उनकी कोविड-19 से मृत्यु दर पश्चिमी देशों की तुलना में लगभग 15 गुना कम थी। जापान में सबसे मजबूत हिस्सा समग्र रूप से अच्छा स्वास्थ्य प्रतीत होता है, जैसा कि जनसंख्या के कम बीएमआई से पता चलता है।

दूसरा बाहरी देश ब्राज़ील था, जो भारत के लिए महत्वपूर्ण सबक हैं इसमें आयु प्रोफ़ाइल कम थी लेकिन मोटापा प्रोफ़ाइल पश्चिम के समान थी। भारत की तरह यह जीवनशैली, शारीरिक गतिविधि और आहार में बदलाव के साथ तेजी से विकासशील अर्थव्यवस्था है। ब्राज़ील में कोविड-19 से मृत्यु दर कई पश्चिमी देशों से अधिक हो गई है। मोटापा उम्र से अधिक घातक साबित होता है।

क्या भविष्य की महामारियाँ युवाओं को प्रभावित करेंगी? जबकि कुल मिलाकर हमारी आबादी दुबली है, हाल ही में संपन्न आबादी में गतिहीन जीवन शैली, फास्ट फूड, शराब और धूम्रपान अपनाने की प्रवृत्ति है। इसके अतिरिक्त,आनुवांशिक विकलांगता के कारण, भारतीयों में उनके कोकेशियान समकक्षों की तुलना में मधुमेह और कोरोनरी हृदय रोग के क्षय या उससे पहले होने की संभावना अधिक होती है।

आगे का रास्ता क्या है? हमें सार्वजनिक स्वास्थ्य बुनियादी ढांचे को समान रूप से मजबूत करना होगा, और नव धनाढ्य लोगों के बीच जीवनशैली में बदलाव पर ध्यान देना होगा। हमारे क्षेत्र अभ्यास क्षेत्रों में कई अध्ययनों ने युवाओं और युवा वयस्कों के बीच इन शुरुआती रुझानों को सामने लाया है।

हमने पाया कि पुरानी पीढ़ी की तुलना में युवा पीढ़ी में विटामिन डी की कमी होने की संभावना 4 गुना अधिक है। मधुमेह हमारी ग्रामीण और शहरी आबादी में काफी प्रचलित था,और 35 से 40 वर्ष आयु वर्ग के आधे से अधिक युवा मधुमेह रोगियों को अपनी मधुमेह की स्थिति के बारे में पता नहीं था। गैर संचारी रोगों के जोखिम कारक शहरी और ग्रामीण युवाओं और युवाओं दोनों में प्रचलित थे।

जैसा कि हमारे स्नातकोत्तर और संकाय सदस्यों के अध्ययनों से पता चला है, बचपन में कुपोषण अभी भी काफी अधिक है।

बाल कुपोषण की पृष्ठभूमि में रोकथाम योग्य बीमारियों के कारण हम प्रतिदिन 5 वर्ष से कम उम्र के लगभग 2000 बच्चों को खो देते हैं।आजीविका की हानि और सामुदायिक स्तर पर बाल सामुदायिक पोषण कार्यक्रमों में रुकावट से बाल कुपोषण और बाल मृत्यु में वृद्धि होगी। जबकि सामान्य पोषण वाले बच्चे पर महामारी हल्की हो सकती है, बच्चों में गंभीर कुपोषण उन्हें चपेट में ले सकता है।

यदि हम इन चिंताओं पर ध्यान नहीं देते हैं, तो हमें भविष्य में महामारी का सामना करना पड़ सकता है, जिसमें टीकाकरण की कमी के कारण नहीं, बल्कि युवा लोगों और बच्चों को नुकसान उठाना पड़ेगा, जैसा कि वर्तमान शौकिया सहमति से प्रतीत होता है, लेकिन परिवर्तनीय जोखिम कारकों को संबोधित नहीं करने के परिणामस्वरूप।

यदि एक शौकिया रणनीतिकार की तरह हम केवल नई रानी के प्रमुख भाग, वैक्सीन को ही देखते हैं, तो हो सकता है कि हम रानी को पकड़े रहें लेकिन गेम हार जाएं।

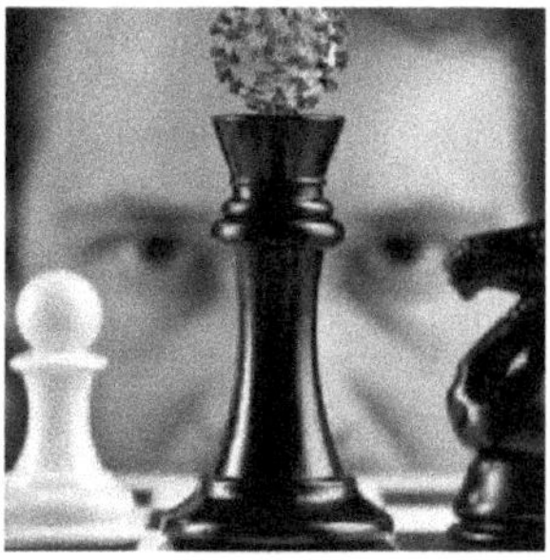

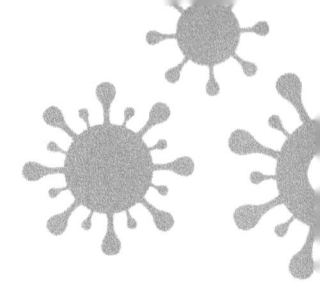

विकासवादी जीवविज्ञान हमें कोरोनोवायरस म्यूटेंट के बारे में क्या बताता है?

अधिकांश उत्परिवर्तनों का विषाणु या संक्रामकता पर कोई प्रभाव नहीं पड़ता है। जो वायरस मारते हैं वे मेज़बान के साथ भी नष्ट हो जाते हैं। जो उपभेद जीवित रहते हैं वे घातक नहीं होते।

भारतीय राज्य के एक औपचारिक मुख्यमंत्री उस समय मुसीबत में पड़ गए जब उन्होंने टिप्पणी की, "कोरोना वायरस को भी जीने का अधिकार है!" सोशल मीडिया पर उन्हें जमकर ट्रोल किया गया.

डेविड ड्यूश ने अपनी उत्तेजक पुस्तक, "द बिगिनिंग ऑफ इनफिनिटी" में कहा है कि जब हम स्पष्टीकरण चाहते हैं, हम मानवकेंद्रितवाद की ओर झुकते हैं, मानवीय दृष्टिकोण से चीजों को संकीर्ण रूप से समझाना। संतुलन यह मानवकेंद्रितवाद विरोधी है जिसे "सामान्यता के सिद्धांत" का प्रतीक माना जाता है, जो मानता है कि चीजों की ब्रह्मांडीय योजना में मनुष्यों के बारे में कुछ भी महत्वपूर्ण नहीं है।

किसी को नहीं पता कि पूर्व मुख्यमंत्री ने यह किताब पढ़ी थी या नहीं.राजनेताओं के पास पढ़ने के लिए बहुत कम समय है। लेकिन उसकी एक बात थी, शायद अनजाने में।

महामारी, प्रेरित मानवकेंद्रवाद, दीर्घ हो गया। फर्राटा दौड़ने का जो वादा किया गया था वह मैराथन साबित हुआ। क्या हमने सही रास्ता अपनाया? और

स्प्रिंट मोड में होने के कारण, क्या हम इस क्रॉस कंट्री रेस में गलत दिशा में बहुत दूर चले गए? क्या हर कीमत पर वायरस का पीछा करना विश्व सरकारों और उनके वैज्ञानिक सलाहकारों के लिए प्रतिष्ठा का मुद्दा बन गया, जो मानवकेंद्रितवाद का एक चरम रूप है?

लॉकडाउन की रणनीति, शारीरिक दूरी और सामाजिक बंदी, जो एक आवर्ती रणनीति बन गई, यह एक अमेरिकी वैज्ञानिक की बेटी, हाई स्कूल की छात्रा द्वारा इन्फ्लूएंजा महामारी के नियंत्रण पर एक कंप्यूटर सिमुलेशन परियोजना पर आधारित थी। इसी तरह, मास्क के लाभ पर हैम्स्टर पर अध्ययन ने मास्क जनादेश का मार्गदर्शन किया। इसके बाद, मास्क पर एक डेनिश यादृच्छिक परीक्षण और बाद में बांग्लादेश से एक अध्ययन अनिर्णायक रहा। हालाँकि, मास्क के संबंध में दिशानिर्देश सिंगल मास्क से लेकर डबल-मास्क चरण तक और अधिक सख्त होते रहे।

महामारी में एक ही विषय था "डर ही कुंजी है।" प्रमुख लोकतंत्रों सहित लगभग सभी देशों के नागरिकों ने दहशत के सामान्य कारण से प्रेरित होकर ऐसे कदम उठाए, जिससे उन्हें उनके मौलिक अधिकारों से वंचित कर दिया गया। दहशत की महामारी में एक प्रमुख योगदानकर्ता कठोर कदम थे जिनकी सार्वजनिक स्वास्थ्य के इतिहास में कोई मिसाल नहीं है।

किसी एक बीमारी के मामलों और मौतों की संख्या को बिना संदर्भ के पेश करने से आसानी से आबादी में दहशत पैदा हो सकती है। ऐसा कभी किसी बीमारी के लिए नहीं किया गया। इसके परिणामस्वरूप एक बीमारी को लेकर बड़े पैमाने पर जुनूनी बाध्यकारी विकार उत्पन्न हो गया। नई बीमारी के बारे में हर चीज़ जीवन से भी बड़े आयामों पर आधारित है। शुरुआती दिनों में इसका संचरण सतहों से होता था, जिसे बाद में सौभाग्य से त्याग दिया गया।बाद में ऐसी खबरें आईं कि हवा में मौजूद छोटे कणों या नाभिकों को 10 मीटर तक ले जाया जा सकता है। और अधिक घबराहट का कारण. यह देखना सुविधाजनक है कि इस दायरे में हमारे भीतर अरबों के अलावा, शायद लाखों सूक्ष्म जीव हमारे आसपास हैं। सामूहिक उन्माद का नवीनतम एजेंडा नोवेल कोरोना वायरस के उत्परिवर्ती वेरिएंट की मीडिया रिपोर्टें हैं।लोकप्रिय धारणा

यह होगी कि म्यूटेंट राक्षस उत्पन्न करते हैं। विकासवादी जीवविज्ञान हमें अन्यथा बताता है।

पूर्व मुख्यमंत्री की "गलत बातों" पर वापस आते हुए, वायरस को भी जीने का अधिकार है। चाहे हम इसे पसंद करें या न करें, प्रकृति उन्हें उचित मौका देती है। जीवित रहने के लिए, वे प्रकृति के अनुकूलन के तरीके का पालन करते हैं -डार्विन का नियम|

ये अनुकूलन उत्परिवर्तन, प्राकृतिक घटनाओं के माध्यम से होते हैं, नए नहीं होते, प्रतिकृति के दौरान त्रुटियों के कारण और कभी-कभी चयन दबाव के कारण होते हैं। सफल परजीविता के सिद्धांतों के अनुसार, यह अनुकूलन वायरस और मनुष्य दोनों के लिए फायदेमंद है। वे त्रुटियां जो वायरस को जीवित रहने के लिए सबसे उपयुक्त बनाती हैं, फैलती हैं जबकि अन्य प्राकृतिक चयन के कारण नष्ट हो जाती हैं।

घातक या विषैले उपभेद दूर तक नहीं जाते। वायरस जो मारते हैं वे मेजबान के साथ नष्ट हो जाते हैं जिससे मृत्यु हो जाती है और संक्रमण हो जाता है। कम विषाणु वाले, जो मारते नहीं हैं लेकिन लक्षण पैदा करते हैं, आत्म-अलगाव के कारण चरणबद्ध तरीके से समाप्त हो जाएंगे।

उत्परिवर्ती उपभेद, जो जीवित रहेंगे और दूर तक जाएंगे, कम विषैले उपभेद होंगे जो मेजबान को नहीं मारेंगे, बहुत हल्के लक्षण उत्पन्न करेंगे या बिल्कुल भी नहीं। ऐसे हल्के वेरिएंट से संक्रमित लोग दूसरों के साथ मिल जाएंगे और व्यापक रूप से फैलेंगे। उच्च संक्रामकता का मतलब उच्च विषाक्तता नहीं है।इस तरह के स्ट्रेन अधिकतम हताहतों के साथ जनसंख्या प्रतिरक्षा को बढ़ावा देते हैं।

उत्परिवर्तन कैसे होता है? नोवल कोरोना वायरस एस ए आर एस – कोवी-2 एक आर एन ए वायरस है, जिसमें नाइट्रोजन यौगिकों के लगभग 30000 आधार जोड़े हैं, लगभग 3000 से 4000 स्पाइक प्रोटीन में हैं। इन आधार युग्मों को वायरस की निर्माण ईंटें माना जा सकता है। इन इमारत ईंटों के भीतर अनुक्रम में परिवर्तन के लिए जोड़ने, हटाने से उत्परिवर्तन होता है।

उत्परिवर्तन का क्या निहितार्थ हो सकता है? बहुत सी सम्भावनाएं हैं. अधिकांश उत्परिवर्तनों का विषाणु या संक्रामकता पर कोई प्रभाव नहीं पड़ता है। इनका उपयोग प्रकोप के मार्ग का पता लगाने के लिए उंगलियों के निशान के रूप में किया जाता है। प्राकृतिक चयन के कानून द्वारा जीवित रहने और प्रसार की बेहतर संभावनाओं के साथ, कुछ उत्परिवर्तन कम विषैले लेकिन अधिक प्रभावी हो जाएंगे। और शायद ही कभी, वे और अधिक उग्र हो सकते हैं, ऐसे बाहरी विकासवादी दौड़ में भी हार जाएंगे।

उत्परिवर्तन से संबंधित चिंताएँ निम्नलिखित हैं। क्या वैक्सीन काम करेगी? क्या प्राकृतिक संक्रमण से ठीक होने के बाद प्राप्त प्रतिरक्षा काम करेगी? क्या आर टी पी सी आर उत्परिवर्ती वेरिएंट का पता लगाएगा?

प्राकृतिक संक्रमण या टीकाकरण से उत्पन्न एंटीबॉडी और प्रतिरक्षा कोशिकाएं कुछ बिल्डिंग ब्लॉक्स पर कार्य करती हैं जिन्हें एपिटोप्स कहा जाता है। जैसा कि उल्लेख किया गया है, नोवेल कोरोना वायरस में नाइट्रोजन यौगिकों के लगभग 30000 आधार जोड़े या निर्माण खंड हैं। उत्परिवर्तन के दौरान केवल कुछ बिल्डिंग ब्लॉक्स में ही बदलाव होता है। इसलिए प्राकृतिक संक्रमण से उबरने पर एंटीबॉडी और प्रतिरक्षा कोशिकाएं पूरे वायरस के खिलाफ तैयार हो जाती हैं या पूरे वायरस से प्राप्त टीके द्वारा टीकाकरण से इन वेरिएंट को बेअसर करने की बहुत अच्छी संभावना है।

कुछ स्पाइक केवल स्पाइक प्रोटीन या अधिक विशेष रूप से उनमें मौजूद बिल्डिंग ब्लॉक्स को लक्षित करते हैं। स्पाइक प्रोटीन में इन आधार जोड़े के 3000 से 4000 में से इन लक्ष्यों को एपिटोप्स के रूप में जाना जाता है। यदि स्पाइक प्रोटीन में एक एपिटोप में उत्परिवर्तन होता है, तो एंटीबॉडी और प्रतिरक्षा कोशिकाओं के एक उत्परिवर्तित एपिटोप पर रिक्त स्थान से टकराने की थोड़ी अधिक संभावना होती है।हालाँकि, चूंकि इस प्रक्रिया में कई एपिटोप्स शामिल हैं, इसलिए ऐसे टीके म्यूटेंट के खिलाफ कुछ सुरक्षा भी प्रदान करेंगे। आर टी पी सी आर परीक्षण जो कई एपिटोप्स को लक्षित करते हैं, उन्हें वेरिएंट का भी पता लगाना चाहिए।

यह भी कुछ हद तक आश्वस्त होना चाहिए कि विकासवादी जीव विज्ञान के सिद्धांतों के कारण, लंबे समय में जनसंख्या स्तर पर हावी होने वाले उत्परिवर्ती कम खतरनाक होंगे। सभी महामारियों का यही तरीका है. समय के साथ ये मौसमी छोटी-मोटी बीमारियाँ बन जाती हैं। इस अवधारणा को लोकप्रिय हिंदी फिल्म अग्निपथ के एक संवाद में संक्षेपित किया गया है, “"अपना उसूल कहता है.......जब दुश्मन की उमर बढ़ जाए तो उससे दोस्ती कर लो...... अपनी उम्र बढ़ जाती है”

[लेखक का नोट: बहुत सारे दर्शकों की बेहतर समझ के लिए कई तकनीकी अवधारणाओं और शब्दों को बहुत सरल बनाया गया है]

सरकार ने कोविड से निपटने के लिए कई कदम उठाए

कोविड- 19 की महामारी के कारण दुनिया के अधिकांश देशों में अचानक कठोर कदम उठाने पड़े। दहशत ने आबादी के मानस में प्रवेश कर लिया और उन्हें आभासी घर की गिरफ्तारी के लिए मजबूर कर दिया। इस अव्यवस्था और अव्यवस्था में समता, उपकार, अहित और स्वायत्तता जैसे लगभग सभी नैतिक सिद्धांतों का उल्लंघन हुआ।

कोविड-19 ने इस बात पर ध्यान केंद्रित किया कि उन्नीसवीं शताब्दी में रॉबर्ट कोच और लुई पाश्चर की खोजों के बाद वैज्ञानिक दुनिया को "रोग के रोगाणु सिद्धांत" की हठधर्मिता की कुछ सीमाओं का एहसास होने के बाद हम सामाजिक चिकित्सा में बड़ी मेहनत से सीखे गए सबक भूल गए हैं। प्रारंभिक उत्साह के बाद, यह महसूस किया गया कि बैक्टीरिया और वायरस के अलावा, संक्रामक रोगों की सामाजिक शाखाएँ भी हैं। बीमारियों के सामाजिक कारण, सामाजिक विकृति और सामाजिक परिणाम होते हैं। सामाजिक कल्याण की राह में संपार्श्विक क्षति से सुरक्षा के उपाय के रूप में नैतिक लाल बत्तियाँ शामिल हैं। इस महामारी में, नैतिकता की सभी लाल बत्तियाँ, यानी समानता, उपकार, गैर-दुर्भावना और स्वायत्तता को नजरअंदाज कर दिया गया।

समता

समता और न्याय का अर्थ है कि प्रत्येक व्यक्ति का हित समान होना चाहिए। तर्क से इसका तात्पर्य यह भी होना चाहिए कि निदान के बावजूद सभी रोगग्रस्त व्यक्तियों को स्वास्थ्य सेवाओं तक समान और आसान पहुंच मिलनी चाहिए। प्रत्येक बीमारी जो एक सार्वजनिक स्वास्थ्य समस्या है, उस पर समान ध्यान दिया जाना चाहिए। भारत में, हमारे यहां संक्रामक रोगों का भारी बोझ है और मातृ एवं शिशु स्वास्थ्य समस्याओं का अस्वीकार्य स्तर है।

भारत में हर साल 5 साल से कम उम्र के 8 लाख बच्चे रोकथाम योग्य बीमारियों से मर जाते हैं। भारत में पहले जन्मदिन से पहले नवजात शिशु के मरने का जोखिम 3% है। यह कोविड-19 से संक्रमण मृत्यु दर से अधिक है जिसे हाल के अनुमान 0.1% से भी कम बताया गया है।

अधिकांश उपेक्षित स्थानिक बीमारियाँ और बाल मृत्यु दर गरीबों की बीमारियाँ हैं, जबकि 19 वर्ष से अधिक उम्र के लोगों का कथित खतरा ऊपर की ओर घूमने वाले मध्यम वर्ग द्वारा अधिक महसूस किया जाता है। गरीबों की बीमारियों और अमीरों की बीमारियों के बीच स्पष्ट अंतर है। समता के सिद्धांत की अनदेखी की गई है।

बहुप्रतीक्षित टीकों के आने से इन असमानताओं का और भी पता चलता है। वैश्विक स्तर पर अमीर देशों के पास असीमित वैक्सीन आपूर्ति थी, जबकि गरीब देशों को पर्याप्त आपूर्ति हासिल करने के लिए संघर्ष करना पड़ा। देश के भीतर, टीकों की पहुंच में शहरी-ग्रामीण विभाजन है। ऐसी रिपोर्टें थीं कि शहरों से लोग टीका लगवाने के लिए गांवों की ओर जा रहे थे, जिससे अनभिज्ञ ग्रामीण निवासियों को टीके की पहुंच से वंचित होना पड़ा।

उपकार और अहित

उपकार के नैतिक सिद्धांत का तात्पर्य है कि लोगों को किसी भी हस्तक्षेप से लाभ होना चाहिए और जोखिम लाभ अनुपात स्वीकार्य होना चाहिए। संकटों में, लॉकडाउन जनसंख्या स्तर पर सबसे बड़े हस्तक्षेपों में से एक था। गरीबों के लिए, कोविड-19 से होने वाली मृत्यु का जोखिम गरीबी की किसी भी अन्य बीमारी से होने वाली मृत्यु के जोखिम से बहुत कम था, जो भारत में स्थानिक है। लॉकडाउन ने लोगों को अत्यधिक गरीबी और बदहाली की ओर धकेल दिया। बाल कुपोषण और बाल मृत्यु में तेजी से वृद्धि हुई;इसकी भविष्यवाणी करने के लिए अतिरंजित विदेशी विश्वविद्यालयों के किसी फैंसी मॉडल की आवश्यकता नहीं थी।

गैर-दुर्भावना का मतलब है अपरिग्रह का अर्थ है हानि न पहुँचाना। यह किसी भी हस्तक्षेप का एक महत्वपूर्ण नैतिक सिद्धांत है। लॉकडाउन का सबसे बड़ा नुकसान और शायद ही कोई लाभ आबादी के हाशिये पर मौजूद वर्ग पर पड़ा।

नवीनतम जनगणना के अनुसार, 6.4 करोड़ से अधिक भारतीय आबादी झुग्गियों में रहती है।यह ब्रिटेन या फ्रांस की जनसंख्या के लगभग बराबर है। जिसने भी भारत में किसी झुग्गी-झोपड़ी का दौरा किया है, उसे पता होगा कि इन हाशिए पर रहने वाले लोगों के लिए सामाजिक दूरी बनाना या बार-बार हाथ धोना संभव नहीं है।उनमें से अधिकांश सामान्य सामुदायिक शौचालयों का उपयोग करते हैं जिनमें कम पानी और हाथ धोने की सुविधाएं हैं। भीड़-

भाड़ वाली परिस्थितियों में 24 घंटे बंद रहना श्वसन संक्रमण और अन्य संचारी रोगों के फैलने के लिए आदर्श स्थिति होगी।

26 मई 2021 को न्यूयॉर्क टाइम्स में एक फीचर, पता चलता है कि कैसे रोग नियंत्रण केंद्र (सीडीसी), यूएसए ने एक वैज्ञानिक पेपर की गलत व्याख्या करते हुए यह निष्कर्ष निकाला कि बाहर कोविड संचरण का जोखिम 10% है। इसके चलते घर के अंदर रहने और बाहर निकलते समय मास्क पहनने की सलाह दी गई। बाद में, पेपर के लेखकों में से एक ने ट्वीट किया कि आउटडोर ट्रांसमिशन का जोखिम 0.1% से कम था, न कि 10% जैसा कि सीडीसी द्वारा रिपोर्ट किया गया है,जिसने आउटडोर ट्रांसमिशन के खतरे को सौ गुना बढ़ा दिया!इस मूलभूत त्रुटि के कारण दुनिया भर में बाहरी गतिविधियों पर प्रतिबंध लग गया, और कॉलर ट्यून्स ने हमें बाहर न निकलने का आग्रह किया, अमेरिकी सीडीसी कोविड-19 पर वैश्विक जनादेश के लिए अग्रदूत है।

गलत व्याख्या किए गए पेपर के सह-लेखक नूशिन रज़ानी ने आगे ट्वीट किया, ""......लोगों को प्रकृति का आनंद लेने और सक्रिय रहने के लिए अधिक समय बाहर बिताना चाहिए। बाहर रहना अनिवार्य रूप से सबसे अच्छा वेंटिलेशन है जिसकी कोई कल्पना भी कर सकता है, क्योंकि कणों में असीम रूप से पतला होने, फैलने और अंततः अनिवार्य रूप से गायब होने की जगह होती है।"बाद के एक साक्षात्कार में उन्होंने उल्लेख किया कि आउटडोर सबसे अच्छा संसाधन है और हमें अधिकांश गतिविधियों को बाहर करने के तरीके खोजने चाहिए। उस पेपर के लेखकों में से एक के इस स्पष्टीकरण के बावजूद, जिस पर सीडीसी ने घर के अंदर रहने की अपनी सिफारिशें आधारित की थीं,अगस्त निकाय और वैश्विक सहमति बाहरी गतिविधियों को एक बड़ा जोखिम मानती रही है।

यदि सीडीसी ने विज्ञान का सही ढंग से पालन किया होता, तो यह बाहरी गतिविधियों और व्यवसायों पर प्रतिबंध की सिफारिश करना जारी नहीं रखता। कैस्केड प्रभाव ने अन्य देशों को भी इसका अनुसरण करने के लिए मजबूर किया और जब भी मामलों में वृद्धि हुई, सभी बाहरी गतिविधियों और व्यवसायों को बंद कर दिया।इससे विशेष रूप से विकासशील देशों में गंभीर आर्थिक

कठिनाइयां पैदा हुईं, जहां असंगठित क्षेत्र के अधिकांश लोग बाहर काम करते हैं।

विडम्बना यह है कि विकासशील देशों में, गरीब श्रमिक घर के अंदर भीड़-भाड़ वाली परिस्थितियों में रहते थे, जहां वे संक्रमण के प्रति अधिक संवेदनशील होते थे और चोट पर नमक छिड़कने के लिए उनकी आजीविका चली गई, जिनमें से अधिकांश सुरक्षित बाहरी वातावरण में अपनाई जाती हैं।

स्वायत्तता या सूचित विकल्प

दुनिया के सबसे महान प्रेम की घोषणा, अच्छे इरादों के साथ, चार घंटे के नोटिस पर की गई। अर्थशास्त्रियों, सामाजिक वैज्ञानिकों और अन्य लोगों को सार्वजनिक मंच पर अपनी चिंताओं को व्यक्त करने का अवसर नहीं दिया गया। इतने बड़े पैमाने पर इस कठोर उपाय के फायदे और नुकसान पर कोई सार्वजनिक बहस नहीं हुई। सैकड़ों जिंदगियां और आजीविकाएं खतरे में हैं और बेरोजगारी, भुखमरी और भुखमरी से होने वाली मौतों की चपेट में हैं। प्लेग से लड़ने के लिए औपनिवेशिक काल से अधिनियमित महामारी रोग अधिनियम 1897 को राज्य को भारी शक्तियाँ देते हुए लागू किया गया और कई बुनियादी मानवाधिकारों को निलंबित कर दिया गया। इसका उपयोग 21वीं सदी की बीमारी से निपटने के लिए किया गया था, जिसे अधिकांश देशों को पुलिस राज्यों में परिवर्तित करने के बजाय विज्ञान और साक्ष्य द्वारा संबोधित किया जाना चाहिए था।

इन नैतिक निरीक्षणों पर विचार-विमर्श करने की आवश्यकता है ताकि भविष्य में होने वाली महामारी समस्या की तुलना में समाधान के संबंध में ऐसी अनाड़ी और अपरिष्कृत प्रतिक्रिया उत्पन्न न करें।

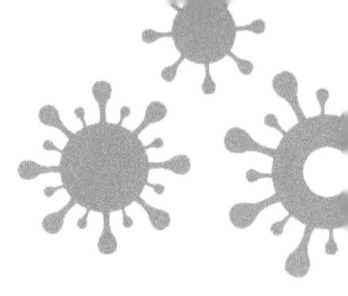

कोविड-19- डेटा से पता चलता है कि स्कूलों को फिर से खोलने का मजबूत मामला है।

डेटा से पता चलता है कि स्कूलों को फिर से खोलने का मजबूत मामला है। जबकि दूसरी लहर में वास्तव में अधिक बच्चे संक्रमित हुए, यह पूरे परिवारों के संक्रमित होने के कारण अधिक था। आंकड़ों से संकेत मिलता है कि कोविड-19 ने शायद ही कभी बच्चों की जान ली हो।

वर्ष 2021 की शुरुआत आशावादी ढंग से हुई। ऐसा लगता है कि महामारी भारत से दूर हो गई है। देश धीरे-धीरे सामान्य स्थिति की ओर लौट रहा था। स्कूलों को फिर से खोलने की योजनाएँ चल रही थीं, तभी अचानक, एक शातिर बाउंसर ने हम पर हमला कर दिया। मामले सभी उम्मीदों से परे तेजी से बढ़े।मई 2021 के पहले सप्ताह के आसपास चरम पर कुल दैनिक मामले पहली लहर की तुलना में चार गुना अधिक थे। अस्पताल अभिभूत थे। बेड और ऑक्सीजन का संकट था.इस बार इसका प्रभाव उन ग्रामीण क्षेत्रों में भी महसूस किया गया, जहां अपर्याप्त स्वास्थ्य बुनियादी ढांचा था। गांवों से कोविड-19 मरीजों ने इलाज के लिए शहरी क्षेत्रों की यात्रा की, जिससे संकट और बढ़ गया।

शुक्र है, संकट जितनी तेजी से बढ़ा, उतनी ही तेजी से कम भी हुआ। अप्रत्याशित दूसरी लहर के लिए कई कारण सामने रखे गए, जिनमें उच्च विषाक्तता और संचरण क्षमता वाले म्यूटेंट भी शामिल थे। जबकि उत्परिवर्तन हुए, यह वक्र की समान रूप से तेज गिरावट को पूरी तरह से स्पष्ट नहीं करता है।

मानव द्वारा "नियंत्रण के भ्रम" के बावजूद किसी महामारी में संचरण का बढ़ना और कम होना एक प्राकृतिक घटना है। हाल के सार्वजनिक स्वास्थ्य इतिहास में पहली बार हमने मानवीय हस्तक्षेपों के माध्यम से महामारी के पाठ्यक्रम को नियंत्रित करने का प्रयास किया। "नियंत्रण के भ्रम" की तरह जब पहली लहर कम हो गई तो हम भी "सफलता के भ्रम" से सुस्त हो गए थे। अचानक और तीव्र दूसरी लहर ने हमें इस आत्मसंतुष्टि से बाहर कर दिया। इससे यह एहसास होना चाहिए कि लॉकडाउन ट्रांसमिशन को नहीं रोक सकता; वह इसे केवल स्थगित कर सकता है, केवल ब्याज सहित वापस लौटाने के लिए।

दूसरी लहर में भी, मानवीय हस्तक्षेप के कारण मामलों में तेजी से कमी नहीं आई, बल्कि इसलिए कि वायरस, संभवतः एक अधिक संक्रामक संस्करण, अधिकांश कमजोर लोगों के माध्यम से चला गया, साथ ही साथ झुंड प्रतिरक्षा के विकास ने गति अवरोधक के रूप में कार्य किया। टीकाकरण बड़ी भारतीय आबादी के 10% से भी कम तक पहुंच पाया था और इसमें अचानक आई गिरावट को जिम्मेदार नहीं ठहराया जा सकता। इसके अलावा, महामारी के चरम पर, टीकाकरण का कोई प्रभाव नहीं पड़ता क्योंकि प्राकृतिक संक्रमण आबादी में तेज़ गति से फैलता है। गिरावट के लिए लॉकडाउन को भी जिम्मेदार नहीं ठहराया जा सकता क्योंकि पहली लहर के दौरान प्रतिबंधात्मक उपाय लागू करने के बाद भी मामले बढ़ते रहे। महाराष्ट्र में सबसे अधिक अवधि और सबसे अधिक संख्या में लॉकडाउन के साथ-साथ सबसे अधिक मामले भी थे।

कारण जो भी हो, कई चिंताएँ थीं, हालाँकि दूसरी लहर कम होती दिख रही है| सबसे प्रमुख डर यह था कि तीसरी लहर बच्चों पर कठोर होगी। यह इस आधार पर था कि जैसे-जैसे वयस्क आबादी को टीका लगाया जाएगा, वायरस बच्चों में फैलता रहेगा।इसके अलावा, दूसरी लहर के दौरान अस्पतालों में बाल चिकित्सा भर्ती भी अधिक हुई। ऐसा इस बार बच्चों के अधिक असुरक्षित होने के कारण नहीं था, बल्कि सभी आयु समूहों में पूर्ण संख्या में वृद्धि के कारण था। जाहिर तौर पर चिकित्सकों का दृष्टिकोण यह था कि बाद की लहरों में इसका प्रभाव ज्यादातर बच्चों पर महसूस किया जाएगा। हालाँकि,

ठोस डेटा इन धारणाओं का समर्थन नहीं करता। भर्ती मामलों में 0 से 18 साल के बच्चों का अनुपात पहली और दूसरी दोनों लहरों में 2 से 5% के बीच था। वैश्विक स्तर पर डेटा माइनिंग से पता चला कि वयस्कों की तुलना में बच्चों में गंभीर बीमारी और मृत्यु की संभावना नगण्य थी।

पब्लिक हेल्थ यूके में प्रकाशित एक पेपर में, शोधकर्ताओं ने उन सात देशों के एकत्रित डेटा का विश्लेषण किया, जिन्होंने महामारी के प्रकोप का सामना किया था। उन्होंने कोविड-19 से बाल मृत्यु दर की गणना की और अध्ययन अवधि के दौरान बच्चों में अन्य कारणों से होने वाली मौतों से इसकी तुलना की।

तीन महीने की अध्ययन अवधि के दौरान, कोविड-19 के 42,486 पुष्ट मामलों में से 44 बच्चों की मृत्यु हुई, जिससे मामले की मृत्यु दर 0.1% है। प्रत्येक पाए गए मामले के लिए, 20 से 30 अज्ञात मामले हैं, जिसके अनुसार 0-18 वर्ष आयु वर्ग में संक्रमण मृत्यु दर 0.005% से कम है।इसी अवधि में, लेखकों ने अन्य कारणों से 13,200 मौतें पाईं, जिनमें से सबसे अधिक दुर्घटनाओं के कारण 1056 मौतें, कम श्वसन संबंधी बीमारियों से 308 और इन्फ्लूएंजा से 107 मौतें हुईं। बच्चों में कोविड-19 ने सभी मौतों में केवल 0.33% का योगदान दिया।

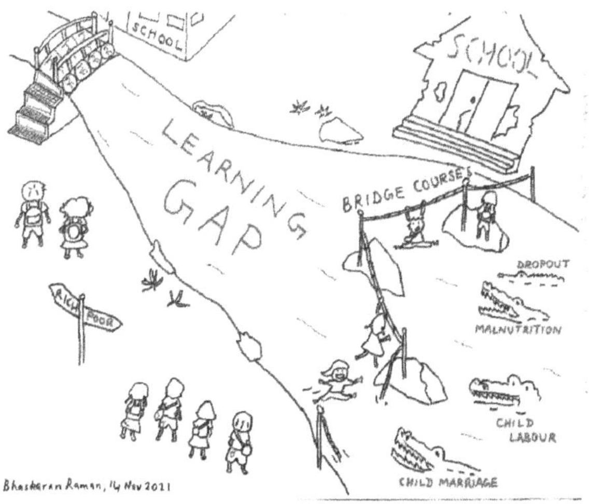

vid-19

आंकड़ों से संकेत मिलता है कि कोविड-19 ने शायद ही कभी बच्चों की जान ली हो। महामारी के चरम पर भी, बच्चों में 99.67% मौतें कोविड-19 के अलावा अन्य कारणों से हुईं।

स्वीडिश अनुभव ने बच्चों में कोविड-19 की गंभीरता पर अधिक जानकारी प्रदान की। महामारी के दौरान स्कूलों और प्रीस्कूलों को खुला रखने वाला स्वीडन शायद एकमात्र देश था। कोविड-19 से गंभीर रूप से प्रभावित स्वीडिश स्कूली बच्चों के बीच कैरोलिंस्का इंस्टीट्यूट द्वारा किया गया एक अध्ययन न्यू इंग्लैंड जर्नल ऑफ मेडिसिन में प्रकाशित हुआ है। उन्होंने पाया कि गंभीर कोविड-19 को गहन देखभाल युनिट (आईसीयू) में उपचार की आवश्यकता के रूप में परिभाषित किया गया है, महामारी के दौरान स्कूल खोले जाने के बावजूद स्कूली बच्चों में यह दुर्लभ था।अध्ययन की चार महीने की अवधि के दौरान 130,000 में से केवल एक बच्चे का आईसीयू में इलाज किया गया। आईसीयू में कुल 15 बच्चे भर्ती थे. उनमें से सात को मल्टी-इंफ्लेमेटरी सिंड्रोम (एम आई एस - सी) था, जिसे कोविड 19 से जोड़ा गया है| उनमें से चार को अंतर्निहित बीमारी थी। किसी भी बच्चे की मृत्यु नहीं हुई. आईसीयू में सबसे आम समय 4 दिन था।

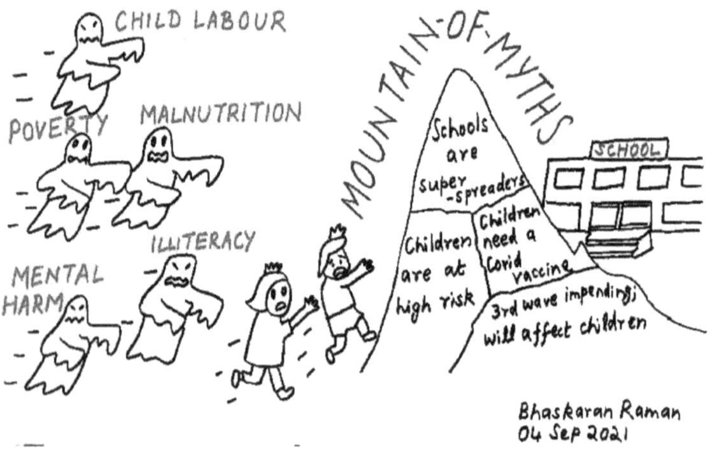

क्या बच्चे, स्वयं पीड़ित न होते हुए, परिवार के बुजुर्ग सदस्यों को प्रभावित करने में सुपर-स्प्रेडर के रूप में कार्य कर सकते हैं या सामुदायिक प्रसारण को बढ़ा सकते हैं? स्कूलों को फिर से खोलने जैसे सूचित सार्वजनिक स्वास्थ्य निर्णय लेने के लिए ऐसे मुद्दों को हल करना महत्वपूर्ण था।

सहकर्मी समीक्षा पत्रिका, बाल रोग विज्ञान में उपलब्ध साक्ष्य का एक सिंहावलोकन, जिसका शीर्षक है, “"कोविड-19 ट्रांसमिशन और बच्चे: बच्चे को दोष नहीं देना है," आश्वस्त करने वाला था। परिवारों के भीतर कोविड-19 संचरण की गतिशीलता के अध्ययन से पता चला कि अधिकांश मामलों में, घर में वयस्कों के बाद बच्चे में लक्षण विकसित हुए, यह सुझाव देते हुए कि बच्चा संक्रमण का स्रोत नहीं था और बच्चों को अक्सर वयस्कों से संक्रमित होने के बजाय उनसे कोविड-19 प्राप्त होता है। चीन से भी इसी तरह की खोज की सूचना मिली थी।

स्कूली बच्चों में समुदाय में संचरण के बारे में क्या? उपलब्ध साक्ष्यों के आधार पर उपरोक्त सिंहावलोकन से यह निष्कर्ष निकलता है कि स्कूलों में संचरण, कोविड-19 के सामुदायिक प्रसारण में उतना महत्वपूर्ण नहीं है, जितना शुरू में आशंका थी।यह इन्फ्लूएंजा के बिल्कुल विपरीत है, जिसके सामुदायिक प्रसारण के चालक के रूप में स्कूली बच्चों के बीच संचरण अच्छी तरह से स्थापित है।

नीले रंग से बोल्ट की तरह आई दूसरी लहर ने हमें झकझोर कर रख दिया|इस पृष्ठभूमि में बच्चों को प्रभावित करने वाली तीसरी लहर की आशंका समझ में आने योग्य थी। इससे स्कूलों और कॉलेजों को दोबारा खोलने में देरी हुई। सभी उपलब्ध साक्ष्य सुझाव देते हैं कि हम सावधानी से आगे बढ़ सकते थे और स्कूलों को फिर से खोलने पर गंभीरता से विचार कर सकते थे, युवा पीढ़ी के बीच दीर्घकालिक शैक्षिक, सामाजिक और मनोवैज्ञानिक असफलताओं से बचाने के लिए।

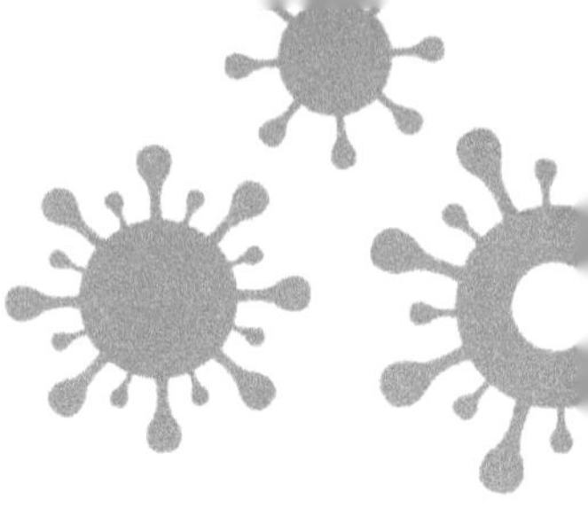

धूर्त कोरोना वायरस के विरुद्ध युद्ध की कला

हमें टीकों का उपयोग सोच- समझकर करना चाहिए। एक छोटे, कम आबादी वाले और विकसित देश में जो काम करता है वह बड़े, घनी आबादी वाले और विकासशील देश में काम नहीं कर सकता है। यह लागत प्रभावी भी नहीं हो सकता है।

वायरल संक्रमण लंबे समय से हमारे साथ है। दशकों से डॉक्टर इस बात से सहमत हैं कि उनके पास वायरल संक्रमण के खिलाफ कोई प्रभावी उपचार नहीं है।रोगी प्रबंधन रोगसूचक उपचार के इर्द-गिर्द घूमता रहा। हालाँकि, एंटीबायोटिक दवाओं की खोज के बाद कई लोगों की जान बचाई गई, जो अन्यथा द्वितीयक जीवाणु संक्रमण का शिकार हो जाते। वर्तमान महामारी और 1918 की इन्फ्लूएंजा महामारी के बीच समानताएं खींची गई हैं, जिससे घबराहट पैदा हो रही है। 1918 से 1919 तक फ्लू महामारी के कारण 50 मिलियन लोगों की मृत्यु हुई, जब विश्व की जनसंख्या 1.8 बिलियन थी, जबकि वर्तमान में यह 7.8 बिलियन है। ये आंकड़े बड़े पैमाने पर उन्माद पैदा करने के लिए काफी हैं.

हालाँकि, यह तुलना कई कारणों से अत्यधिक अनुचित है। 1918-19 की फ़्लू महामारी तब घटित हुई जब द्वितीयक जीवाणु संक्रमण (जो कि किसी भी वायरल निमोनिया की सामान्य जटिलता है) के इलाज के लिए कोई

एंटीबायोटिक्स उपलब्ध नहीं थे। पिछली शताब्दी में कई वैज्ञानिक पत्रों ने इसकी पुष्टि की है।

प्रथम विश्व युद्ध के बाद यह भी बड़ी कठिनाइयों और अभाव का दौर था। यह कोई संयोग नहीं है कि सभी समय की यह महामारी युद्ध के बाद की अवधि में सामने आई। एंटीबायोटिक दवाओं की कमी के साथ-साथ लोगों के समग्र स्वास्थ्य पर महान युद्ध के वैश्विक प्रभाव ने इससे जुड़ी तबाही और मौतों के लिए आदर्श स्थिति प्रदान की।

अगले दशकों में, चिकित्सा प्रगति, विशेष रूप से पेनिसिलिन और अन्य एंटीबायोटिक दवाओं की खोज, जो दूसरे युद्ध के बाद स्वतंत्र रूप से उपलब्ध हो गईं, ने न केवल जीवाणु रोगों से कई लोगों की जान बचाई,

लेकिन वायरल संक्रमण के बाद होने वाले द्वितीयक संक्रमण से भी।

हालाँकि, दशकों से, द्वितीयक जीवाणु संक्रमण के अभाव में भी घातक वायरल बीमारियाँ तबाही मचाती रहती हैं। चेचक वायरल संक्रमण के साथ मानव अनुभव की पीड़ा और आनंद का प्रतीक है। इसके मामले में मृत्यु दर 30% थी और जीवित बचे लोगों में से 80% पर गहरे गड्ढे के निशान थे, सभी चोट के निशान थे। कुछ लोग अंधे हो गये. ये थी चेचक की पीड़ा. चेचक की तुलना नोवेल कोरोना वायरस से करना हिटलर की तुलना गांधी से करने जैसा होगा।

सार्वजनिक स्वास्थ्य के लिए प्रसन्नता का क्षण 1980 में चेचक का उन्मूलन था। हालाँकि, इस जीत का इतिहास दशकों या वर्षों का नहीं, बल्कि सदियों का है। यह सब 1796 में शुरू हुआ जब एडवर्ड जेनर, एक चतुर पर्यवेक्षक, नोट किया गया कि जो दूधवाले गाय की चेचक से उबर गए थे, वे कभी चेचक के संपर्क में नहीं आए। इस परिकल्पना का परीक्षण करने के लिए, नौ साल के लड़के जेम्स फिप्स की बांह में चेचक के घाव से निकलने वाली सामग्री का टीका लगाया गया। इसके बाद, जेनर ने लड़के को चेचक के वायरस से अवगत कराया लेकिन बच्चे ने कभी भी इस बीमारी का संपर्क नहीं किया। कोई भी

वर्तमान संस्थागत समीक्षा बोर्ड इस तरह के अध्ययन को नैतिक मंजूरी नहीं देगा।

चेचक के टीके की खोज से लेकर इसके उन्मूलन तक की यात्रा बहुत धीमी थी, जैसे कि घोड़ागाड़ी से यात्रा कर रहे हों (हिन्दी में तांगा कहते हैं), पहले के युग का। इसे ख़त्म करने में 200 साल से ज़्यादा और दुनिया भर में टीकाकरण कार्यक्रम चला। चेचक पहला और आज तक वैश्विक सार्वजनिक स्वास्थ्य महत्व का अंतिम उन्मूलन है।

वास्तव में प्रभावी टीका होने के अलावा (टीकाकरण के बाद कोई मास्क नहीं, सभी शारीरिक दूरी आवश्यक है),ऐसे कई कारक थे जिन्होंने इस मानवीय संकट को खत्म करना संभव बनाया।

चेचक का पता लगाने के लिए हमें किसी परिष्कृत परीक्षण की आवश्यकता नहीं थी; यहां तक कि एक सामान्य व्यक्ति भी इसे पहचान सकता है। ऐसे कोई भी स्पर्शोन्मुख मामले या छिपे हुए वाहक नहीं थे जो अनजाने में दूसरों को संचारित कर सकें। यह वायरस मनुष्यों तक ही सीमित था और कभी भी जानवरों को संक्रमित नहीं करता था या लंबे समय तक पर्यावरण में जीवित नहीं रहता था।

अत्यधिक घातक होने के बावजूद, चेचक के वायरस में पोलियो वायरस या एस ए आर एस – कोवी-2 जैसे अधिकांश वायरस की पकड़ का अभाव था, जो बड़ी संख्या में छिपे हुए संक्रमण उत्पन्न करते हैं। सरलता न तो इंसानों को और न ही वायरस को दूर तक ले जाती है। इससे चेचक वायरस का उन्मूलन संभव हो सका

दूसरी ओर, उपन्यास कोरोनोवायरस, जिसकी उत्पत्ति चीन में हुई है, सन त्जु की शिक्षाओं के अनुरूप है। चीन के इस योद्धा-दार्शनिक ने 2000 साल पहले द आर्ट ऑफ़ वॉर लिखी थी। सन त्जु ने युद्ध में धोखे की भूमिका पर जोर दिया, 'एक सैन्य अभियान में धोखा शामिल होता है। भले ही आप सक्षम हों, अक्षम प्रतीत होते हैं, प्रभावी होते हुए भी अप्रभावी प्रतीत होते हैं... जब आप

पास में हमला करने जा रहे हों, तो ऐसा दिखाएँ जैसे कि आप बहुत दूर हैं...' इस धोखे को अप्रत्याशित रूप से चित्रित किया गया था भारत में दूसरी लहर!

दुनिया ने वायरस को भगाया और यह सही भी है। यदि प्रयास सफल रहे होते तो इस वायरस को शुरुआत में ही ख़त्म कर दिया गया होता। प्रत्येक बीतते दिन के साथ, वायरस अपने नियंत्रण में होने वाले सभी धोखे के कारण समुदाय में गहराई से स्थापित हो गया। हमें कम तीव्रता वाले लंबे समय तक चलने वाले संघर्ष के साथ सामंजस्य बिठाना पड़ा।

चेचक के वायरस से लेकर कोरोना वायरस तक, हम एक लंबा सफर तय कर चुके हैं। जिन टीकों को समुदाय तक पहुंचाने में सदियां, दशक और साल लग गए, उन्हें एक साल के भीतर विकसित करना एक अकल्पनीय और प्रशंसनीय उपलब्धि है। जीनोमिक्स और सटीक चिकित्सा में असाधारण प्रगति ने वैक्सीन उत्पादन में इस चमत्कार को प्रेरित किया है। रिकॉर्ड समय में हमने सोचा कि हमारे पास एस ए आर एस – कोवी-2 वायरस के खिलाफ एक मजबूत हथियार है।

इस धोखेबाज और मजबूत दुश्मन के खिलाफ समान अवसर पाने के लिए, हमें भी सन त्जु की युद्ध कला से सबक लेना चाहिए, जो इन शब्दों के साथ मजबूत हथियारों के उपयोग के बारे में चेतावनी देता है, "इसलिए, जो लोग इसके नुकसान के बारे में पूरी तरह से जागरूक नहीं हैं हथियारों के इस्तेमाल से होने वाले फ़ायदों के बारे में पूरी तरह से जागरूक नहीं किया जा सकता।"

इसका ध्यान रखते हुए हमें अपने गोला-बारूद, वैक्सीन को सुरक्षित रखना चाहिए था और उसका विवेकपूर्ण उपयोग करना चाहिए था। एक अच्छे जनरल की तरह, हमें भूमि का सर्वेक्षण करना चाहिए था। एक छोटे, कम आबादी वाले और विकसित देश में जो काम करता है वह एक बड़े, घनी आबादी वाले और विकासशील देश में काम नहीं कर सकता है। इसके अलावा, यह लागत प्रभावी भी नहीं हो सकता है।

सबूत जमा होते रहे कि प्राकृतिक संक्रमण मजबूत था और यदि बेहतर नहीं तो टीके से प्रेरित प्रतिरक्षा के बराबर था। भारत जैसे घनी आबादी वाले

देश जहां भीड़भाड़ वाली झुग्गियां और मकान हैं, और भीड़भाड़ वाले बाजार हैं, जहां सामाजिक दूरी बनाना मुश्किल है, टीका उन तक पहुंचने से पहले, प्राकृतिक संक्रमण के तेजी से सामुदायिक संचरण के लिए आदर्श स्थिति प्रदान करते हैं। दूसरी लहर का तेजी से बढ़ना इसका प्रमाण है।

वायरल संक्रमण के सामुदायिक नियंत्रण की कुंजी सामूहिक प्रतिरक्षा है। इसे या तो प्राकृतिक संक्रमण से, धीरे-धीरे, या टीकों द्वारा, तेजी से प्राप्त किया जा सकता है। प्राकृतिक झुंड प्रतिरक्षा की तुलना तांगा (बीते युग की घोड़ा-गाड़ी) से की जा सकती है, जबकि वैक्सीन प्रतिरक्षा की तुलना आधुनिक मोटर चालित बस से की जा सकती है।

देश के कुछ हिस्सों के डेटा से संकेत मिलता है कि दूसरी लहर के बाद आबादी के बड़े हिस्से ने SARS-CoV2 के खिलाफ एंटीबॉडी विकसित कर ली है। सबसे बुरी तरह प्रभावित राज्यों में से एक, गुजरात के अहमदाबाद में, मई 2021 के अंतिम सप्ताह में 70% से अधिक आबादी एंटीबॉडी के लिए सकारात्मक पाई गई, जो फरवरी 2021 में पाए गए 28% से तेज वृद्धि है।

हाल ही में मशहूर अभिनेता दिलीप कुमार चर्चा में थे। इसने 1957 में बनी उनकी फिल्म नया दौर की याद दिला दी। कहानी एक ऐसे गांव की है जहां परिवहन का मुख्य साधन तांगा या घोड़ागाड़ी है। नायक एक तांगावाला (घोड़ा-गाड़ी सवार) है। जब शहर के उद्यमी गांव में बसें शुरू करने आते हैं तो तांगावालों की आजीविका खतरे में पड़ जाती है। बहुत विवाद है और तय हुआ है कि इसे सुलझाने के लिए तांगा और बस के बीच रेस होगी।

सामान्य परिस्थितियों में, बस आसानी से तांगे से आगे निकल जाती। हालाँकि, फिल्म के चरमोत्कर्ष में तांगा दौड़ जीत जाता है क्योंकि गाँव की परिस्थितियों में यह अधिक समझौता योग्य था।

महामारी में बार-बार होने वाले सीरोसर्वे की अहम भूमिका होती है। यह न केवल भविष्य की लहरों की भविष्यवाणी करने के लिए महत्वपूर्ण है, बल्कि टीकाकरण रणनीति का मार्गदर्शन करने के लिए भी महत्वपूर्ण है। बड़े पैमाने पर टीकाकरण के निष्कर्षों और लॉजिस्टिक्स के आधार पर एक अधिक लक्षित

वैक्सीन नीति से बड़ा लाभ हो सकता है। एंटीबॉडी वाले लोगों को छोड़कर और केवल अतिसंवेदनशील लोगों को शामिल करने से न्यूनतम लागत पर तेजी से सामूहिक प्रतिरक्षा प्राप्त हो जाती। भारत जैसे अत्यधिक सघन देशों में, स्वाभाविक रूप से प्राप्त सामूहिक प्रतिरक्षा का तांगा टीके ले जाने वाली बस से आगे रहेगा।

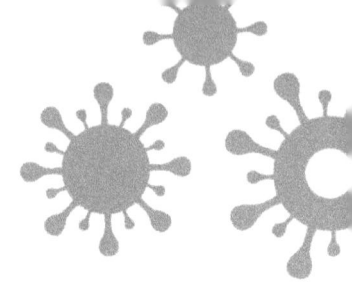

कोविड के साथ जीवन जीने का विज्ञान और कला

कोविड से निपटने का विज्ञान शानदार था लेकिन कला गायब थी। हमें शतरंज की रणनीति का पालन करना चाहिए था, जो बड़ी तस्वीर को देखने के विज्ञान और कला दोनों को जोड़ती है ताकि यह तय किया जा सके कि ड्रॉ कब बेहतर है।

"अर्स लोंगा, वीटा ब्रेविस," ग्रीक "चिकित्सा के जनक" हिप्पोक्रेट्स के उद्धरण के एक भाग का लैटिन में अनुवाद है। इस वाक्यांश का अंग्रेजी अनुवाद है "कला लंबी है, जीवन छोटा है।" पूरी तरह से ग्रीक से अनुवादित, उद्धरण इस प्रकार है, "कला लंबी है, जीवन छोटा है, अवसर क्षणभंगुर है, अनुभव खतरनाक है, और निर्णय कठिन है। महामारी ने इस प्राचीन ज्ञान को स्पष्ट रूप से घर कर दिया है।

जहां 19वीं और 20वीं शताब्दी में इत्मीनान से वैज्ञानिक प्रगति हुई, वहीं 21वीं सदी में ये प्रगति तीव्र गति से हो रही है। कंप्यूटिंग, सटीक चिकित्सा, जीनोमिक्स और सूचना विज्ञान, इन्हें बढ़ावा दे रहे हैं।

ऐसा लगता है कि ये तीव्र और उल्लेखनीय प्रगति कला की कीमत पर हुई है। चिकित्सा जो प्राचीनतम कलाओं में से एक थी, आधुनिकतम विज्ञान बनती जा रही है। इस नये विज्ञान की शुद्धता बाँझपन के बिंदु पर पहुँच रही है। कठिन विज्ञान वस्तुनिष्ठ होता है और आसानी से समझा जा सकता है, इसकी क्षमता को अक्सर कम करके आंका जाता है। कला व्यक्तिपरक और अमूर्त

है, इसकी सूक्ष्मता को समझना कठिन है और इसकी क्षमता को अक्सर कम करके आंका जाता है। इसमें जीवन और मृत्यु दोनों में सामाजिक विज्ञान, नैतिकता, सहानुभूति और मानवीय गरिमा की चिंता शामिल है (लेकिन यह इन्हीं तक सीमित नहीं है)।

महामारी ने अपनी उत्पत्ति से लेकर इसके आगे बढ़ने तक, शानदार विज्ञान लेकिन अपर्याप्त कला को उजागर किया। संदेह की उंगली वायरस की प्रयोगशाला उत्पत्ति की ओर इशारा करती है, जो "कार्यक्षमता में वृद्धि" अनुसंधान की एक दुर्घटना है। "फ़ंक्शन रिसर्च का लाभ" का उद्देश्य अनुसंधान उद्देश्यों के लिए जाहिरा तौर पर प्रकृति से आगे निकलना है। कम से कम इतना तो कहा ही जा सकता है कि यह खतरनाक है। नैतिकता और मानवतावाद की बाधाओं के बिना प्रकट की गई विज्ञान की प्रतिभा से परमाणु ऊर्जा के दुरुपयोग जैसे अत्यधिक नुकसान की संभावना है। द्वितीय विश्व युद्ध के दौरान विनाशकारी परिणामों के साथ परमाणु ऊर्जा भटक गई| क्या महामारी जैविक शक्ति के भटक जाने का परिणाम थी? उम्मीद है कि जैसे ही धूल सुलझेगी हमें उत्तर मिल जायेंगे।

चिकित्सा की कला के कमजोर पड़ने ने महामारी विज्ञान को भी प्रभावित किया है - जनसंख्या में रोग की गतिशीलता का अध्ययन महामारी के नियंत्रण के लिए एक महत्वपूर्ण उपकरण है। पहले महामारी विज्ञानी डाकियों से भी अधिक क्षेत्र और घर-घर दौरे करते थे। इससे उन्हें प्रत्यक्ष रूप से डेटा एकत्र करने और आबादी में सामाजिक और सांस्कृतिक कारकों (सामाजिक महामारी विज्ञान) का अध्ययन करने में मदद मिली, जो रोग की गतिशीलता के प्रमुख निर्धारक हैं। इस कला को "जूता-चमड़ा महामारी विज्ञान" के रूप में जाना जाता था। इसका उत्कृष्ट उदाहरण 1854 में लंदन में हैजा फैलने की जॉन स्नो की जांच है। इन वर्षों में, महामारी विज्ञानी, विशेष रूप से शिक्षाविदों में, कम उद्यमशील हो गए और *"जूता-चमड़ा महामारी विज्ञान" ने "आर्म-चेयर महामारी विज्ञान" का स्थान ले लिया। सामाजिक महामारी विज्ञान पीछे चला गया।

वर्तमान में हम बड़े डेटा के युग में हैं। डेटा माइनिंग और गणितीय मॉडल कई महामारी विज्ञान संबंधी मुद्दों को समझने में योगदान करते हैं। हालाँकि, इसने "माउस-क्लिक महामारी विज्ञानियों" की एक पीढ़ी को जन्म दिया है जो सामाजिक महामारी विज्ञान से पूरी तरह अनभिज्ञ हैं। वर्तमान महामारी के जवाब में निष्फल गणितीय मॉडल पर आधारित कठोर उपाय, सामाजिक महामारी विज्ञान की उपेक्षा के परिणामों को दर्शाते हैं|

माउस-क्लिक महामारी विज्ञान ने बड़ी संख्या में मौतों की भविष्यवाणी की और साथ ही स्कूल बंद करने और लॉकडाउन तक शारीरिक दूरी बनाए रखने जैसे कठोर उपायों के लिए सबूत तैयार किए। उत्तरार्द्ध एक हाई स्कूल के छात्र द्वारा इन्फ्लूएंजा नियंत्रण के लिए एक कंप्यूटर प्रोजेक्ट पर आधारित था, अजीब, लेकिन सच है। इस स्कूल प्रोजेक्ट के आधार पर, अमेरिका में वैज्ञानिकों ने मध्य युग की याद दिलाने वाली नीतियां बनाने के लिए काल्पनिक डेटा को सुपर कंप्यूटर में चलाया! इन आउटपुट के आधार पर स्कूल बंद करने, शारीरिक दूरी और लॉकडाउन जैसी रणनीतियों को "गैर-फार्माकोलॉजिकल हस्तक्षेप (एनपीआई)" नाम दिया गया था।

सामाजिक महामारी विज्ञान में अंतर्दृष्टि की कमी के कारण, मानव को सामाजिक प्राणियों के बजाय मॉडल में निष्क्रिय इकाइयों के रूप में लिया गया। सुरुचिपूर्ण कंप्यूटर परिणामों ने संकेत दिया कि ऐसे कठोर उपाय "ट्रांसमिशन की श्रृंखला" को तोड़ देंगे। पूर्वानुमान और एनपीआई मॉडल दोनों ही लक्ष्य से परे चले गए, जैसा कि अनुमानित दुनिया भर में बहुत कम मृत्यु दर और चीन से चांदनी चौक तक वायरस के फैलने से पता चलता है।

हिप्पोक्रेट्स के समय से चिकित्सा की कला ने चेतावनी दी थी "पहले डोपो नुकसान।" इलाज बीमारी से बदतर नहीं होना चाहिए. अंध विज्ञान ने इस सिद्धांत की उपेक्षा की। बाँझ विज्ञान के कारण होने वाली संपार्श्विक क्षतियाँ बहुत अधिक हैं। आजीविका के नुकसान से गंभीर कुपोषण, संक्रामक रोगों में वृद्धि और अन्य कारणों से मौतें होती हैं। कोविड-19 से बचाई गई जिंदगियों के फायदे से ज्यादा नुकसान हुआ। कोरोना वायरस की अंधी दौड़ में हमने मानवीय गरिमा के साथ-साथ मानवीय जीवन का भी बहुत त्याग किया है।

नवीनतम वैज्ञानिक चमत्कार रिकॉर्ड समय में कोविड-19 के खिलाफ टीकों का विकास है। इसके उत्साह ने शीघ्र उन्मूलन की आशा जगा दी है।

शतरंज में, "जीतना सबसे कठिन काम जीता हुआ खेल है।" यह खेल के एक कलाकार, गणितज्ञ, दार्शनिक और 27 वर्षों तक विश्व शतरंज चैंपियन रहे इमैनुएल लास्कर ने कहा था। ऐसा प्रतीत होता है कि विश्व चिकित्सा समुदाय ने कोविड-19 को ख़त्म करने का एक महत्वाकांक्षी लक्ष्य हासिल कर लिया है, जो जीती हुई बाजी को जीतने के समान है। हमारे पास विजेता टुकड़ा है, रिकॉर्ड समय में टीका, एक प्रशंसनीय उपलब्धि। हालाँकि, शतरंज की तरह, जीतने वाले मोहरों से अधिक महत्वपूर्ण सही चालें हैं।

महामारी दुनिया भर में अलग-अलग पैटर्न में फैली। शतरंज के प्रत्येक खेल में मोहरें समान होती हैं लेकिन प्रत्येक खेल की स्थिति के आधार पर चालों का संयोजन अलग-अलग होता है। शानदार विज्ञान की बदौलत, हमारे पास एक मजबूत निगरानी और निगरानी प्रणाली है, और उपचार प्रोटोकॉल को परिष्कृत किया गया है। वैक्सीन के साथ ये सभी वायरस के खिलाफ भारी शस्त्रागार बनाते हैं।इन टुकड़ों को जोड़ने वाले शोधकर्ताओं, प्रयोगशाला, वैज्ञानिकों और चिकित्सकों के प्रयास सराहनीय हैं।

यदि हम इस समय कला से चूक गए तो हम खेल हार जाएंगे। जबकि विज्ञान बड़े पैमाने पर टीकाकरण की वकालत करेगा, कला को बड़ी तस्वीर देखनी चाहिए। क्या हमें जीत या ड्रा के लिए जाना चाहिए? चिकित्सा के इतिहास में किसी भी रोग को इतने कम समय में ख़त्म करने का कोई विवरण नहीं मिलता। शतरंज की तरह, जीती हुई बाजी जीतना बहुत कठिन होता है। टीकों की प्रभावकारिता भी अनिश्चितता में फंसी हुई है। इन असंभवताओं को देखते हुए, ड्रॉ का विकल्प चुनना और कोविड-19 के साथ रहना सीखना अधिक व्यावहारिक होगा। एक बार जब हम सभी उम्र के कमजोर लोगों और बुजुर्गों का टीकाकरण कर देंगे, तो भारत में कोविड-19 एक सार्वजनिक स्वास्थ्य समस्या नहीं रह जाएगी।

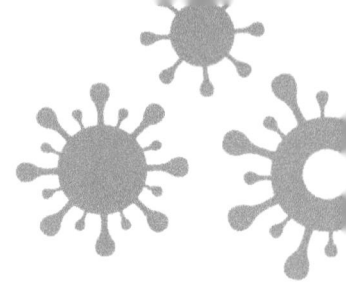

आप उतने ही स्वस्थ हैं जितना आप सोचते हैं कि आप हैं।

चिंता, घबराहट और आजीविका की हानि से कोविड के अलावा अन्य बीमारियों की लहर आना स्वाभाविक था। कठोर कदम उठाने के बजाय, नीति निर्माताओं को महामारी के विकास के चरणों के अनुसार अनुकूलन करने की आवश्यकता थी।

फ्रांसीसी दार्शनिक रेने डेसकार्टेस ने इस धारणा को खारिज कर दिया कि मन और शरीर जुड़े हुए हैं। डेसकार्टेस ने इस विचार को खारिज कर दिया कि मन शारीरिक स्वास्थ्य को प्रभावित करता है। उन्होंने अनुमान लगाया कि मन में अज्ञात और अभौतिक पदार्थ शामिल है इसलिए यह शरीर को प्रभावित नहीं कर सकता जो कि ठोस पदार्थ है। गिल्बर्ट राइल ने गैर-भौतिक मन को "मशीन में भूत" का लेबल देकर इसे और आगे बढ़ाया।

पश्चिमी चिकित्सा ने डेसकार्टेस द्वारा प्रस्तावित पृथक्करण को अपनाया। रहस्यमय "मशीन में भूत" से निपटने के बिना एक यांत्रिक निकाय को ठीक करना भी आसान हो गया।

फिर भी, सदियों से चिकित्सक उपचार प्रक्रिया में योगदान देने वाले प्लेसीबो प्रभाव के बारे में जानते हैं। प्लेसिबो प्रभाव तब होता है जब लोग यह विश्वास करते हैं कि उन्हें एक प्रभावी दवा मिल रही है, तब वे बेहतर हो जाते हैं। इसके विपरीत एक नोसेबो प्रभाव होता है, अर्थात। किसी बीमारी या

उपचार के बारे में नकारात्मक सोच स्वास्थ्य पर प्रतिकूल प्रभाव डाल सकती है। तो व्यवहार में, मन शरीर को प्रभावित करता है।

वैज्ञानिक सर्वसम्मति की बाधाओं से मुक्त कथा लेखक अक्सर इसे सही पाते हैं। डेसकार्टेस द्वारा मन-शरीर संबंध को त्यागने के दो शताब्दियों बाद, ओ हेनरी ने अपनी क्लासिक लघु कहानी "द लास्ट लीफ" में नोसेबो और प्लेसिबो प्रभावों का सुंदर ढंग से वर्णन किया है।

निमोनिया की महामारी की पृष्ठभूमि पर आधारित, कहानी मन और शरीर के संबंध से संबंधित है। निमोनिया की भयानक बीमारी से पीड़ित, रोगी, एक युवा महिला, नकारात्मकता और मृत्यु के आसन्न विनाश से भरी हुई है।उसकी खिड़की से दृश्य थोड़ा नीरस लगता है। वह एक ईंट का घर देख सकती थी जिसके चारों ओर एक पुरानी आइवी लता चढ़ी हुई थी, इसकी पत्तियाँ पतझड़ में तेजी से गिर रही थीं।

वह बचे हुए को गिनती रहती है. यह उसके शरीर से जीवन के ख़त्म होने का प्रतीक है। गिरती पत्तियाँ नोसेबो का काम करती हैं। वह निष्क्रिय रूप से मृत्यु की प्रतीक्षा करती है और विश्वास करती है कि यह आखिरी पत्ते के गिरने के साथ ही होगी। उसके डॉक्टर ने उम्मीद छोड़ दी। अंतिम दिन आ जाता है. केवल एक पत्ता बचा है. रात भर तेज हवा और भारी बारिश होती रही.

एक उम्रदराज़ पड़ोसी, एक असफल कलाकार को उसके बारे में पता चलता है। वह दीवार पर एक पत्ते पर चित्र बनाता है। यह उनकी अब तक चित्रित एकमात्र उत्कृष्ट कृति साबित हुई है। अगले दिन महिला देखती है कि रात भर तेज हवाओं और बारिश के बावजूद एकमात्र पत्ता खड़ा है। इससे उसे लड़ने और जीने की इच्छाशक्ति मिलती है। चित्रित पत्ती प्लेसीबो के रूप में कार्य करती है। वह ठीक हो जाती है। तत्वों के संपर्क में आने वाला उम्रदराज़ कलाकार निमोनिया से पीड़ित हो जाता है।

जबकि ओ हेनरी ने अपनी लघु कहानी में मन-शरीर को कल्पना के एक काम के रूप में व्यक्त किया है, मन-शरीर संबंध के अस्पष्ट होने के बावजूद साक्ष्य उभर रहे हैं। कल्पना और तथ्य का विलय होता दिख रहा है।

बीसवीं शताब्दी में एंटोनोव्स्की द्वारा सैल्यूटोजेनेसिस की अवधारणा का वर्णन उनकी पुस्तक हेल्थ, स्ट्रेस एंड कोपिंग में किया गया है। सुझाव देता है कि जीवन के अनुभव किसी की सुसंगतता की भावना को समझने योग्य, सार्थक और प्रबंधनीय बनाने में मदद करते हैं। इससे व्यक्ति को तनाव से निपटने में मदद मिलती है। अभी हाल ही में। मार्टिन सेलिगमैन ने समृद्ध और निस्तेज व्यक्तियों के बीच अंतर किया। समृद्ध व्यक्ति अधिक सकारात्मक भावनाओं का अनुभव करते हैं, जबकि निस्तेज व्यक्ति अधिक नकारात्मक भावनाओं का अनुभव करते हैं।

ये घटनाएं न केवल मानसिक कल्याण को आकार देती हैं, बल्कि अल्पकालिक और दीर्घकालिक दोनों तरह से शारीरिक स्वास्थ्य पर भी प्रभाव डालती हैं। अल्पावधि में तनाव कारक संक्रमणों के प्रति प्रतिरोधक क्षमता को कम कर देते हैं। जबकि लंबे समय में वे हृदय रोगों, उच्च रक्तचाप, मधुमेह, अन्य अंतःस्रावी विकारों, ऑटोइम्यून विकारों के लिए जोखिम कारक हो सकते हैं। त्वचा विकार और मानसिक बीमारियाँ।

छात्रों के बीच यह एक सर्वविदित अनुभव है कि परीक्षाओं का तीव्र तनाव सामान्य सर्दी के लक्षणों को बढ़ाता है, जिससे प्राकृतिक प्रतिरक्षा में कुछ रुकावट आती है। शोध से यह भी पता चलता है कि मनोवैज्ञानिक तनाव से तीव्र संक्रामक श्वसन संबंधी बीमारियों का खतरा बढ़ जाता है।

साइको-न्यूरो-इम्यूनोलॉजी के क्षेत्र में अध्ययन, जो रासायनिक हार्मोन की रिहाई के माध्यम से तनाव और प्रतिरक्षा के बीच बातचीत का पता लगाता है, अभी भी विकसित हो रहा है। उन्हें कठिनाइयों का सामना करना पड़ता है क्योंकि तनाव और प्रतिरक्षा दोनों बहुआयामी हैं और उन्हें मापना मुश्किल है।

यह समझना आसान है कि तनाव अप्रत्यक्ष तरीके से प्रतिरक्षा और स्वास्थ्य को कैसे प्रभावित कर सकते हैं। महामारी से लंबे समय तक दहशत के परिणामस्वरूप तनाव लोगों को अस्वास्थ्यकर भोजन, तंबाकू और शराब की ओर ले जाता है (लॉकडाउन में छूट के दौरान शराब की दुकानों पर लंबी कतारें इसका गवाह हैं)। ये सभी अल्पावधि में प्रतिरक्षा को कम करते हुए

पुरानी बीमारियों का खतरा बढ़ाते हैं। अपनी आजीविका खोने वाले लोग कुपोषण से पीड़ित होते हैं, जिससे संक्रमण के प्रति प्रतिरोधक क्षमता कम हो जाती है।

महामारी में ज्यादातर सरकारों की आम रणनीति लोगों में डर पैदा करना था। लोगों को "कोविड उचित व्यवहार" का अनुपालन कराने के लिए इस रणनीति का उपयोग पितृसत्तात्मक तरीके से किया गया था। सुरक्षा के पक्ष में एहतियाती सिद्धांत के रूप में इस दृष्टिकोण को महामारी के प्रारंभिक अनिश्चित चरणों में उचित ठहराया जा सकता था। इसके परिणामस्वरूप लंबे समय तक आबादी में दहशत और सामूहिक उन्माद फैला रहा। कई लोगों के लिए अल्पकालिक तनाव दीर्घकालिक तनाव में बदल गया।अधिकतर ये उपाय अनुचित थे और निलंबित व्यवसायों, शिक्षा, मनोरंजन और संबंधित अनिश्चितताओं के कारण दीर्घकालिक तनाव ने मानसिक, लोगों की शारीरिक और सामाजिक इच्छाशक्ति पर प्रतिकूल प्रभाव के कारण भारी नुकसान पहुंचाया।जबकि गणितीय मॉडेलर्स ने भविष्य की लहरों की भविष्यवाणी करना जारी रखा है, एक बेकाबू वायरस को नियंत्रित करने के लिए चरम उपाय के परिणामस्वरूप गंभीर कुपोषण की पृष्ठभूमि के खिलाफ पुरानी मानसिक और अन्य गैर-कोविड बीमारियों की एक विशाल लहर की भविष्यवाणी करने के लिए रॉकेट विज्ञान की आवश्यकता नहीं है। हमारे देश में संक्रमण मृत्यु दर लगभग 0.1% है।

जैसा कि भगवद-गीता में कहा गया है, हमें महामारी के विकास के साथ-साथ उसके चरणों के अनुरूप ढल जाना चाहिए था। सबसे पहले "तमस" (अंधकार, विनाश और अराजकता) था जब उपन्यास कोरोनोवायरस के बारे में कुछ भी नहीं पता था और अराजक कुप्रबंधन के कारण कई मौतें हुईं; तब "रजस" (जुनून, क्रिया, भ्रम) था, हर कीमत पर वायरस से लड़ने के लिए वैज्ञानिकों का जुनून, कार्य जो कभी-कभी अनुचित होते थे और विशेषज्ञों के भ्रमित करने वाले संदेश थे; जबकि बाद में हमें "सत्व" (अच्छाई, रचनात्मक कार्य, सद्भाव) की ओर बढ़ना चाहिए था और वायरस के साथ रहना सीखना चाहिए था। यह दुनिया को वैश्विक दहशत और सामूहिक जुनूनी बाध्यकारी विकार से बचाने का आगे का रास्ता है।

अन्य स्वास्थ्य मुद्दों को छोड़कर संसाधनों और समय को कोविड पर खर्च करना खराब नीति है।

केवल टीके से कोई देश स्वस्थ नहीं होता। हमें एक बेहतर सार्वजनिक स्वास्थ्य प्रणाली, सुरक्षित पेयजल, पोषण और बहुत कुछ चाहिए। अधिकांश संसाधनों को कोविड-19 पर खर्च करना अच्छी नीति नहीं थी।

भारत एक तेजी से विकसित हो रही अर्थव्यवस्था है. इसमें बढ़ती आकांक्षाओं वाला एक उभरता हुआ मध्यम वर्ग है। यह पूंजीवाद और मुक्त बाजार अर्थव्यवस्था की ओर बढ़ रहा है। समाजवाद की बेड़ियों से मुक्त होकर अर्थव्यवस्था तेज कार की तरह दौड़ रही है। हालाँकि, अगर सड़कों का रख-रखाव अविश्वसनीय यातायात संकेतों के साथ ठीक से नहीं किया जाता है, तो तेज कारें दुर्घटनाओं का कारण बन सकती हैं, कभी-कभी फुटपाथ पर लोगों के ऊपर से गुजर जाती हैं।

पिछले सात दशकों में भारतीय सड़कों पर वाहनों की संख्या हर साल 11% बढ़ी है। दूसरी ओर, सड़क नेटवर्क में सालाना केवल 4% की वृद्धि हुई है, जो कि एक बड़ा बेमेल है। ट्रैफिक जाम के लिए जिम्मेदार होते हुए भी, भारतीय सड़कों पर बढ़ते निजी परिवहन से न तो अमीरों को और न ही गरीबों को फायदा हुआ है। दोनों बढ़ते वायु प्रदूषण, ट्रैफिक जाम और सड़क यातायात दुर्घटनाओं से पीड़ित हैं, जिससे भारत में हर दिन 400 से अधिक

लोग मारे जाते हैं और 1200 से अधिक लोग अपंग हो जाते हैं, जिनमें ज्यादातर युवा होते हैं।

भारत में सड़क यातायात दुर्घटना से किसी युवा व्यक्ति के मरने का जोखिम, कोविड-19 से मरने की संभावना से कई गुना अधिक है। यदि इन घटनाओं को हर दिन 24x7 समाचार चैनलों और सोशल मीडिया पर दुर्घटना पीड़ितों की वीभत्स छवियों के साथ पेश किया जाता है, तो कोई भी इससे होने वाली दहशत की कल्पना कर सकता है।

देश में सार्वजनिक परिवहन की गुणवत्ता, जो दयनीय स्थिति में है, को बढ़ाकर ही यातायात समस्याओं का स्थायी समाधान प्राप्त किया जा सकता है। बोगोटा के पूर्व मेयर गुस्तावो पेट्रो ने टिप्पणी की थी, "एक विकसित देश वह जगह नहीं है जहां गरीबों के पास कारें हों। यह वह जगह है जहां अमीर सार्वजनिक परिवहन का उपयोग करते हैं।"

बेहतर जीवन के अपने सपनों का पीछा करते हुए बढ़ता मध्यम वर्ग अपने स्वास्थ्य की उपेक्षा करता है। अधिकांश के पास शारीरिक गतिविधि और घर में बने स्वस्थ भोजन के लिए बहुत कम समय है। बढ़ती गतिहीनता और फास्ट फूड से मधुमेह, उच्च रक्तचाप, कोरोनरी हृदय रोग और मोटापा जैसी जीवनशैली संबंधी स्थितियां पैदा होती हैं। वर्तमान महामारी दर्शाती है कि जीवनशैली से जुड़ी ये बीमारियाँ भी लोगों को कोविड-19 के प्रति अधिक संवेदनशील बनाती हैं।

फास्ट लेन में रहने से न केवल नई कारों की मांग बढ़ जाती है, बल्कि हर बीमार और नए टीकों के लिए एक गोली की भी मांग बढ़ जाती है, भले ही वे अस्थायी पंजीकरण संख्या वाली नई कारों की तरह परीक्षण मोड पर हों।

नए टीके निश्चित रूप से स्थानीय महामारी विज्ञान और सार्वजनिक स्वास्थ्य समस्याओं के आधार पर कई स्थितियों से होने वाली बीमारियों और मौतों को रोक सकते हैं। गरीब देशों में टीकों को असाधारण सफलताओं के साथ-साथ गंभीर असफलताएँ भी मिली हैं। स्वस्थ लोगों को दिए जाने वाले टीकों और रोगग्रस्त रोगियों को दी जाने वाली दवाओं के बीच एक बुनियादी अंतर है।

स्वस्थ लोगों में टीकों के कारण होने वाले प्रतिकूल प्रभाव, हालांकि दुर्लभ हैं, सुरक्षा, नैतिकता और सार्वजनिक विश्वास की चिंताओं को बढ़ाते हैं। इन पहलुओं को नज़रअंदाज़ करने से विश्वास ख़त्म हो सकता है, जिससे टीके को लेकर झिझक पैदा हो सकती है। इससे टीकाकरण कार्यक्रम पर प्रतिकूल असर पड़ सकता है|

जिस प्रकार सड़क यातायात दुर्घटनाओं को रोकने के लिए अच्छी सड़कें और यातायात नियमों की निगरानी आवश्यक है, उसी प्रकार तेजी से विकसित और पेश किए गए नए टीकों की बढ़ती संख्या से टीका संबंधी दुर्घटनाओं और प्रतिकूल घटनाओं को रोकने के लिए अच्छी निगरानी और निगरानी प्रणालियाँ होनी चाहिए।

सार्वजनिक स्वास्थ्य बुनियादी ढांचे की हमारी मौजूदा सीमाओं के साथ यह मुश्किल होगा। उचित बुनियादी ढांचे के बिना तेजी से किया जाने वाला सामूहिक टीकाकरण खतरनाक हो सकता है। यह पुरानी जर्जर पटरियों पर सुपरफास्ट ट्रेन चलाने जैसा होगा।

टीकाकरण के बाद प्रतिकूल घटनाओं की रिपोर्ट करने के लिए निगरानी प्रणाली की सीमा से बाहर ग्रामीण और दूरदराज के क्षेत्रों में हाशिए पर रहने वाले और गरीब लोग सबसे अधिक असुरक्षित होंगे।उनकी असुरक्षा की तुलना फुटपाथ पर रहने वाले उन लोगों से की जा सकती है, जिन्हें तेज कारों से कुचले जाने का खतरा रहता है।

कोविड-19 जैसे नए टीके की शुरूआत, नियमित बचपन के टीकाकरण कार्यक्रम को भी प्रभावित कर सकती है और चरमराती सार्वजनिक स्वास्थ्य प्रणाली को चरमरा सकती है। हमारे देश में अन्य उपेक्षित बीमारियों, जिनमें रुग्णता और मृत्यु दर अधिक है, की देखभाल से अल्प संसाधनों का उपयोग किए जाने की संभावना है। भारत में प्रतिदिन लगभग 25,000 लोग विभिन्न कारणों से मरते हैं। तपेदिक के लिए टीका उपलब्ध होने के बावजूद प्रतिदिन 1200 लोगों की मृत्यु हो जाती है, जो गंभीरता और मृत्यु को कम करने का दावा करता है; हमारे देश में प्रतिदिन 2000 बच्चे रोकथाम योग्य बीमारियों से

मरते हैं; कुछ प्रभावी टीके और उपचार के बावजूद टाइफाइड एक स्थानिक बीमारी है।

हमारे देश में अन्य संचारी रोगों के बोझ की तुलना में, 0.1 से 0.3% के बीच संक्रमण मृत्यु दर के साथ कोविड-19 महत्वहीन है, क्योंकि नोवेल कोरोना वायरस से संक्रमित 99.9 से 99.7% लोग जीवित रहते हैं। उच्च रुग्णता और मृत्यु दर वाली हमारी स्थानिक बीमारियों को कोविड-19 की तुलना में उनकी निगरानी और नियंत्रण के लिए संसाधनों का एक अंश मुश्किल से मिलता है। हमारी प्राथमिकताएँ पश्चिमी मॉडल के बजाय हमारी सार्वजनिक स्वास्थ्य समस्याओं से तय होनी चाहिए।

हमारे देश में सीरोसर्वे के नवीनतम दौर से पता चला है कि 67% या 90 करोड़ भारतीय पहले ही उपन्यास कोरोनवायरस का सामना कर चुके हैं। हर जगह के अध्ययन से पता चलता है कि जो लोग प्राकृतिक संक्रमण से उबर चुके हैं, उनमें एंटीबॉडी स्तर कम होने के बाद भी लंबे समय तक चलने वाली और मजबूत प्रतिरक्षा होती है।

सरकार ने कोविड-19 वैक्सीन की 150 करोड़ खुराक के लिए 35,000 करोड़ रुपये आवंटित किए, जिससे 75 करोड़ लोगों का टीकाकरण किया जा सकता है। प्राकृतिक प्रतिरक्षा की प्रभावशीलता और अवधि के बारे में विज्ञान और वर्तमान साक्ष्यों के आधार पर हम प्रकृति द्वारा प्रदत्त इस जनसंख्या स्तर की प्रतिरक्षा को दोहराने से बचने के लिए बड़े पैमाने पर टीकाकरण का विकल्प चुन सकते थे। यह एक स्तनपान करने वाले बच्चे को ऊपरी दूध देने जैसा था।

इसके बजाय, हम सह-रुग्णता वाले लोगों और बुजुर्गों की सुरक्षा पर ध्यान केंद्रित करके स्मार्ट टीकाकरण का सहारा ले सकते थे। इस तरह हम बड़े पैमाने पर टीकाकरण अभियान के लिए आवंटित 35,000 करोड़ रुपये में से एक बड़ी राशि बचा सकते थे, जिसे अन्य गंभीर सार्वजनिक स्वास्थ्य समस्याओं के लिए खर्च किया जा सकता था। उदाहरण के लिए जल एवं स्वच्छता के लिए

मात्र 21,158 करोड़ रुपये आवंटित किये गये। हमारे देश में बीमारियों का एक बड़ा बोझ पानी और स्वच्छता से संबंधित है।

हम यह कहकर संक्षेप में कह सकते हैं कि अच्छा स्वास्थ्य केवल टीकों से ही प्राप्त नहीं होगा। इसे अच्छे सार्वजनिक स्वास्थ्य बुनियादी ढांचे, सुरक्षित पानी, पोषण, आवास और स्वच्छ वातावरण और टीकों के विवेकपूर्ण उपयोग से हासिल किया जाएगा।

चिकित्सा और टी20 क्रिकेट में कोई अंतर नहीं।

क्रिकेट की तरह, चिकित्सा पद्धति का भी अब व्यावसायीकरण, ग्लैमरीकरण और दर्शक खेल में बदल दिया गया है।

बीते युग में, टेस्ट मैच क्रिकेट का सबसे लोकप्रिय रूप था। वे टेलीविजन के नहीं, ट्रांजिस्टर के दिन थे। स्कूल और कॉलेज के छात्रों, कार्यालय कर्मचारियों और अधिकारियों ने 5 दिनों तक चलने वाली बॉल दर बॉल कमेंटरी के लिए अपने कानों को पॉकेट ट्रांजिस्टर से चिपका लिया था। खिलाड़ियों ने सफेद कपड़े पहने थे, उनकी पोशाक और व्यवहार सज्जनतापूर्ण थे। कुछ लोग पैसे के लिए या अमीर बनने के लिए खेलते हैं। उन्होंने कभी भी विज्ञापनों के लिए अनुबंध पर हस्ताक्षर नहीं किए। कोई अमीर प्रायोजक नहीं थे. क्रिकेट खिलाड़ियों द्वारा पहने जाने वाले सफेद कपड़ों की तरह ही शुद्ध था, बिना किसी हितों के टकराव के।" अंपायरों का फैसला, भले ही गलत हो, अंतिम खेल के रूप में लिया गया था। कोई तीसरा अंपायर नहीं था.

सत्तर के दशक के अंत में ऑस्ट्रेलिया के मीडिया सम्राट केरी पैकर को दर्ज करें। सबसे पहले और सबसे महत्वपूर्ण एक पैसे वाला व्यक्ति होने के नाते, उन्होंने खिलाड़ियों को धन और प्रसिद्धि का लालच दिया और टेस्ट की जगह एक दिवसीय अंतर्राष्ट्रीय (वनडे) का मार्ग प्रशस्त किया। खिलाड़ियों द्वारा श्वेतों का परित्याग मासूमियत की हानि का प्रतीक था। सज्जनों के खेल से क्रिकेट दर्शकों के खेल में तब्दील हो गया। इसके बाद सबसे लोकप्रिय प्रारूप

टी20 क्रिकेट आया। टेस्ट क्रिकेट की जटिलताएँ और बारीकियाँ, शुद्धतावादियों को आकर्षित करने वाली, घटती प्रशंसक संख्या के साथ बीते युग की विरासत लगती हैं। व्यावसायिक हितों से प्रेरित उच्च दांव, तीसरे अंपायर और एक्शन रिप्ले में लाए गए।

दशकों पहले, पारिवारिक चिकित्सक या सामान्य चिकित्सक जीवन भर चिकित्सा देखभाल के लिए पर्याप्त थे। उनका संचित ज्ञान और कौशल वास्तविक दुनिया के मरीजों को वास्तविक दुनिया की सेटिंग में देखने के प्रत्यक्ष नैदानिक अनुभव से प्राप्त हुआ था। उसके कान जमीन से जुड़े होते थे और वह रोगी की पृष्ठभूमि के अनुसार उपचार को अनुकूलित कर सकता था। न्यूनतम परीक्षणों के साथ इतिहास लेने और नैदानिक परीक्षा द्वारा निदान किया गया था।इन चिकित्सकों ने जो ज्ञान, अंतर्ज्ञान और कौशल हासिल किया, वह किसी पाठ्यपुस्तक के कवर के बीच सीखी जा सकने वाली चीज़ों से परे था। और बीते जमाने के टेस्ट क्रिकेटरों की तरह इन अच्छे डॉक्टरों ने भी किस्मत से ज्यादा नाम कमाया। डॉक्टर सबसे बेहतर जानता था. डॉक्टरों के खिलाफ कुछ मुकदमे या हिंसा की घटनाएं थीं।

पिछले कुछ दशकों में क्रिकेट की तरह चिकित्सा पद्धति का परिदृश्य भी बदल गया है। प्रौद्योगिकी में प्रगति ने चिकित्सा देखभाल को व्यक्तियों और राज्य दोनों के लिए महंगा बना दिया है। इसने विज्ञान द्वारा पैदा की गई अव्यवस्थाओं को जन्म दिया है," विशेषज्ञता पर जोर देने के साथ। पारिवारिक चिकित्सक के स्थान का गौरव विशेषज्ञों और सुपर-विशेषज्ञों ने हड़प लिया। कुछ ने सेलिब्रिटी डॉक्टरों का दर्जा प्राप्त कर लिया।" क्रिकेट और चिकित्सा दोनों में त्वरित राहत की उच्च उम्मीदों के साथ, त्वरित समय का संकेत बन गया है।

चिकित्सा प्रौद्योगिकी में प्रगति के साथ, डॉक्टर-रोगी संबंध कमजोर हो गए। मशीनें इंसानों की जगह ले रही हैं. चिकित्सा सेवाओं के निगमीकरण ने निजी क्लीनिकों को धीरे-धीरे खत्म करने वाले तेजी से बढ़ते उद्योग को जन्म दिया है। अधिकांश डॉक्टरों को स्वायत्तता छोड़कर कॉर्पोरेट अस्पतालों में

काम करना पड़ता है। एक महान पेशे और पेशे से, चिकित्सा एक बड़ा व्यवसाय बन गया है।

अनेक हितधारक हितों के अनेक टकराव उत्पन्न करते हैं। वर्तमान क्रिकेट की तरह, वाणिज्य आधुनिक चिकित्सा पद्धति और नीति को प्रभावित कर रहा है। यहाँ तक कि अकादमिक शोध को भी नहीं बख्शा गया है। लांसेट जैसी उच्च प्रोफ़ाइल पत्रिकाओं को कोविड -19 पर एक अत्यधिक प्रचारित पेपर को वापस लेना पड़ा, जो नकली डेटा पर आधारित था, जो कुछ प्रसिद्ध क्रिकेटरों के खिलाफ "मैच फिक्सिंग" के आरोपों की याद दिलाता था।

कोविड-19 की महामारी ने उन दोष-रेखाओं को उजागर कर दिया जो चिकित्सा के व्यावसायीकरण के कारण विकसित हुई हैं; व्यवहार, अनुसंधान और नीति में। भारत में कोविड-19 की विशाल दूसरी लहर ने आपात स्थिति से निपटने में स्वास्थ्य देखभाल के कॉर्पोरेट मॉडल की सीमाओं को प्रदर्शित किया। एक अच्छे सार्वजनिक स्वास्थ्य बुनियादी ढांचे के अभाव में, अल्प अस्पताल सुविधाएं वायरस की घातकता के कारण नहीं, बल्कि संख्या के कारण चरमरा गई थीं।

ग्रामीण क्षेत्रों में गैर-मौजूद स्वास्थ्य सुविधाओं को देखते हुए, कोविड-19 रोगियों को अत्यधिक भीड़भाड़ वाले शहरी अस्पतालों में जाना पड़ा, जिससे अव्यवस्था बढ़ गई।

प्रतिष्ठित ब्रिटिश मेडिकल जर्नल के एक संपादकीय के अनुसार व्यावसायिक हितों और राजनीति ने अनुसंधान और नीति को भी प्रभावित किया। कैरियर वैज्ञानिक और शिक्षाविद हितों के टकराव से प्रभावित थे। सार्वजनिक स्वास्थ्य विशेषज्ञों और महामारी विज्ञानियों के बजाय सेलिब्रिटी चिकित्सकों की सलाह पर कोविड-19 नियंत्रण के लिए नीतियों को अंतिम रूप दिया गया। मेडिसिन टी-20 क्रिकेट की तरह एक दर्शक खेल बन गया। जिन टीकों को विकसित होने में दशकों लग जाते थे, वे एक साल के भीतर तैयार हो गए, यह एक प्रशंसनीय उपलब्धि है। जब पहले टीके पारिवारिक चिकित्सक की सलाह पर लगाए जाते थे, तो महामारी के दौरान टीके की

झिझक को खत्म करने के लिए सेलिब्रिटी फिल्मी सितारों और क्रिकेटरों द्वारा उन्हें बढ़ावा दिया जा रहा था।" यह सेलिब्रिटी क्रिकेटरों और फिल्मी सितारों द्वारा कोला पेय के प्रचार की याद दिलाता है, जो एक अभिनव और कुशल है सामाजिक विपणन का अनुकूलन।

रोग पाठ्यपुस्तकें नहीं पढ़ते। हर बीमारी में, कुछ अलग मामले होते हैं जो चिकित्सकों को आकर्षित करते हैं और पेशेवर सम्मेलनों में इस पर विस्तार से चर्चा की जाती है और प्रतिष्ठित पत्रिकाओं में प्रकाशित किया जाता है। वर्षों से, चिकित्सकों की धारणा इन आउटलेर्स द्वारा विकृत हो गई है जो उनके लिए आदर्श बन गए हैं। वर्तमान मीडिया ऐसे आउटलेर्स को उजागर करने में शामिल हो जाता है जो ध्यान आकर्षित करते हैं। यह उजागर करना जनता की धारणा को भी विकृत करता है जो सामान्य रूप से स्वयं को सीमित करने वाली बीमारी के इन गंभीर लेकिन दुर्लभ परिणामों के कारण लगातार दहशत में रहते हैं। ऐसा कहा जा सकता है कि सार्वजनिक स्वास्थ्य नीति को मामलों के कम आकर्षक बहुमत, सामान्य वितरण द्वारा निर्धारित किया जाना चाहिए। हालाँकि, इससे न तो ध्यान आकर्षित होता है और न ही प्रसिद्धि मिलती है। तथ्य यह है कि भारत में कोरोना वायरस संक्रमण से मृत्यु दर 0.1% या उससे कम है। इस आंकड़े के आसपास दुर्लभ संसाधनों को संतुलित करने के लिए किसी को समझौता करना होगा। यह एक अच्छा सार्वजनिक स्वास्थ्य अभ्यास है, हालांकि यह एक नए वायरस के खिलाफ एक त्वरित लड़ाई के आकर्षण को दूर ले जाता है,प्राचीन चीन में डॉक्टरों के परिवार से आने वाले एक प्रसिद्ध चिकित्सक से एक बार पूछा गया कि उनके भाइयों में से सबसे प्रसिद्ध कौन है। उसने उत्तर दिया, "मेरा सबसे बड़ा भाई बीमारी की आत्मा को देखता है और उसे आकार लेने से पहले ही हटा देता है, इसलिए उसका नाम घर से बाहर नहीं जाता है; मेरा दूसरा भाई बीमारी को शुरुआती चरण में ही ठीक कर देता है, इसलिए उसका नाम घर से बाहर नहीं जाता है।" जहां तक मेरी बात है, पड़ोस में मैं नसें छेदता हूं, औषधि देता हूं और त्वचा की मालिश करता हूं, और इसलिए समय-समय पर मेरा नाम मशहूर हो जाता है और सरदारों के बीच सुना जाता है।"

बीते युग का कोई व्यक्ति कह सकता है - यह क्रिकेट नहीं है!

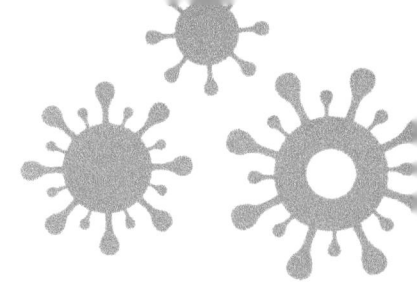

अब 'धीमे' सोचने का समय आ गया है।

सरकारों ने महामारी को एक स्प्रिंट इवेंट के रूप में लिया, जहां बिना सोचे-समझे गति ही सार थी। यह एक मैराथन बनती जा रही है जिसमें सहनशक्ति, सहनशक्ति और योजना की आवश्यकता है।

नोबेल पुरस्कार विजेता डैनियल कन्नमैन ने वाक्यांश गढ़ा, ""तेज़ और धीमी गति से सोचना।"" तेज़ सोचना सहज और सहज है, जबकि धीमी गति से सोचना जानबूझकर होता है और इसके लिए प्रयास की आवश्यकता होती है। तेजी से सोचने के बाद, "धीमी गति से सोचने के लिए समय निकालना" सार्थक हो सकता है।

महामारी की प्रतिक्रिया दहशत से प्रेरित थी। आसन्न खतरे के डर से तेजी से सोचने पर मजबूर होना पड़ा। सरकारें अपने पाठ्यक्रम से बाहर के प्रश्नों का प्रयास करने वाले छात्रों की तरह थीं। उन्होंने बिना तैयारी के छात्रों की तरह सामूहिक नकल का सहारा लिया। एक के बाद एक देश ने कम्युनिस्ट चीन के कठोर कदमों की नकल की, नकल करने वाले ट्रेंडसेटर से आगे निकल गए।

तेज़ सोच ने विरोधाभासों को जन्म दिया, जैसा कि आमतौर पर होता है। प्रारंभ में आम जनता द्वारा फेस मास्क के उपयोग के संबंध में विरोधाभासी संदेश थे। डब्ल्यूएचओ ने यह घोषणा करने के बाद भी यू-टर्न ले लिया कि बिना लक्षण वाले व्यक्ति वायरस नहीं फैलाते हैं। और फिर डब्ल्यूएचओ यह घोषणा करने के बाद पीछे हट गया कि बिना लक्षण वाले लोगों का परीक्षण

करने की आवश्यकता नहीं है। इनमें से कोई भी कथन सही या गलत नहीं है लेकिन उचित संदर्भ में विचार करने की आवश्यकता है। महामारी चरणों में विकसित होती है। किसी भी समय एक क्षेत्र में जो लागू होता है वह दूसरे क्षेत्र में लागू नहीं हो सकता है जो महामारी के एक अलग चरण में हो सकता है।

बीमारी के प्रकोप पर प्रतिक्रिया देना कार चलाने जैसी एक गतिशील प्रक्रिया है। एक स्थिर स्थिति से उतरते समय व्यक्ति को ईंधन गहन पहला गियर लगाना पड़ता है। एक बार दौड़ने के बाद, शीर्ष गियर लगाकर ईंधन को संरक्षित किया जाता है। ड्राइव के अंत में, एक बार फिर, ईंधन गहन निचले गियर का उपयोग किया जाता है। प्रकोप प्रतिक्रिया भी इसी क्रम का अनुसरण करती है।जब प्रकोप बढ़ना शुरू हो जाए, तब गहन रोकथाम के उपाय लागू किए जाने चाहिए, एक बार जब इसका प्रकोप सामुदायिक प्रसारण में बदल जाए, गहन रोकथाम उपाय बहुत लागत प्रभावी नहीं हैं। इस स्तर पर रणनीति को बिना लक्षण वाले मामलों को छोड़कर शीघ्र प्रबंधन सुनिश्चित करके मृत्यु दर को नियंत्रित करने के लिए गियर बदलना चाहिए। जब बीमारी उन्मूलन के कगार पर होती है, तो परीक्षण, ट्रेस और आइसोलेशन जैसे रोकथाम के उपाय फिर से महत्वपूर्ण हो जाते हैं और इसमें स्पर्शोन्मुख संपर्कों का परीक्षण भी शामिल होगा।

अजीब तरह से ऐसा प्रतीत होता है कि अधिकांश देशों द्वारा घबराहट से प्रेरित "तेज़ सोच" वाली प्रतिक्रियाओं को छोड़कर, प्रतिक्रिया के अंशांकन को सक्षम करने के लिए किसी विशेष क्षेत्र में महामारी के चरण पर विचार करने के लिए जानबूझकर की गई "धीमी सोच" की कमी थी। हम अधिक ईंधन खपत वाले पहले गियर में गाड़ी चलाते रहे।

स्प्रिंट लंबा हो गया है। यह "तेज सोच" को त्यागने का समय है। वर्तमान में हम एक मैराथन दौड़ रहे हैं। यह दूसरी हवा और कुछ "धीमी गति से सोचने" का समय है। स्प्रिंट खोने के बाद, हमें मैराथन जीतने का प्रयास करना चाहिए। सफल होने के लिए, हमें उन उपायों को छोड़ देना चाहिए जो स्प्रिंट के लिए उपयुक्त थे और मैराथन के लिए उपयुक्त उपायों को अपनाना चाहिए।

सामुदायिक प्रसारण अच्छी तरह से होने के कारण, गहन परीक्षण और विशेष रूप से बिना लक्षण वाले लोगों का पता लगाने जैसे रोकथाम उपायों को बंद कर दिया जाना चाहिए। अंतर-राज्यीय यात्रा के लिए आरटी-पीसीआर परीक्षणों की आवश्यकता का भी कोई मतलब नहीं है। यात्रा

इससे बीमारी के डर और कलंक को दूर करने में काफी मदद मिलेगी। एक और महत्वपूर्ण कदम लोगों के लिए उचित "जोखिम संचार" होना चाहिए। अधिकांश सरकारों की कार्यप्रणाली लोगों में डर पैदा करके उन्हें तथाकथित "कोविड उचित व्यवहार" के अनुरूप बनाने की रही है। उचित जोखिम संचार के बिना, अधिकांश "कोविड "तेज़ सोच" से प्रेरित उचित व्यवहार रोग संचरण पर बहुत कम प्रभाव के साथ अनुष्ठानों में बदल गया है। इन कोविड उचित व्यवहारों का प्रचार और अभ्यास करने वाले सुपरस्टारों ने स्वयं वायरस से संपर्क किया है, इससे हमें रुकना चाहिए और इन उपायों के लिए साक्ष्य आधार का मूल्यांकन करना चाहिए।

कोविड अनुष्ठान का एक उदाहरण घर से बाहर न निकलने और बाहर जाते समय मास्क पहनने की सलाह है। इस दिशानिर्देश की उत्पत्ति, जैसा कि 26 मई, 2021 को न्यूयॉर्क टाइम्स में रिपोर्ट की गई है, दिलचस्प है। अमेरिका के सेंटर फॉर डिजीज कंट्रोल (सीडीसी) ने एक वैज्ञानिक पेपर की गलत व्याख्या करते हुए निष्कर्ष निकाला कि आउटडोर ट्रांसमिशन का जोखिम 10% है। इस भ्रामक दिशानिर्देश के जवाब में, इस पेपर के संबंधित लेखक ने ट्वीट किया कि आउटडोर ट्रांसमिशन का वास्तविक जोखिम 0.1% है। दरअसल, अपने ट्वीट में उन्होंने स्वस्थ रहने के लिए बाहर अधिक समय बिताने की सलाह देते हुए कहा कि घर से बाहर संक्रमण फैलने का खतरा नगण्य है।

इस ग़लतफ़हमी के कारण दुनिया भर में बाहरी गतिविधियों पर प्रतिबंध लग गया। बहुत से लोग जो बाहर व्यवसाय करते हैं, जैसे विक्रेता, स्ट्रीट फूड और छत पर रेस्तरां के मालिक, ट्रांसमिशन के न्यूनतम जोखिम के साथ अपनी आजीविका कमाना जारी रख सकते थे।

इस ग़लतफ़हमी के कारण दुनिया भर में बाहरी गतिविधियों पर प्रतिबंध लग गया। बहुत से लोग जो बाहर व्यवसाय करते हैं, जैसे विक्रेता, स्ट्रीट फूड और छत पर रेस्तरां के मालिक, ट्रांसमिशन के न्यूनतम जोखिम के साथ अपनी आजीविका कमाना जारी रख सकते थे।

जोखिम संचार को संदर्भ में कोविड-19 पर विचार करना चाहिए। वैश्विक स्तर पर इस वायरस के संक्रमण से मरने का ख़तरा 0.3% है, भारत में यह 0.1% है। अगर हमारे देश में कोई इस वायरस की चपेट में आ जाए तो उसके बचने की संभावना 99.9% है। जीवनशैली हमें बहुत अधिक जोखिमों से अवगत कराती है: प्रतिदिन 1500 भारतीय तपेदिक से मरते हैं, 400 युवा प्रतिदिन सड़क यातायात दुर्घटनाओं से मरते हैं (और 10 गुना अधिक जीवन के लिए जीवन के लिए उत्तरदायी होते हैं), और 2000 बच्चे प्रतिदिन रोकथाम योग्य बीमारियों से मरते हैं, उदाहरण के लिए कुछ उदाहरण।

अधिकांश कोविड-19 संक्रमण स्पर्शोन्मुख हैं। एम्स-डब्ल्यूएचओ के संयुक्त अध्ययन से जून 2021 में जारी अंतरिम परिणाम बताते हैं कि बच्चों सहित 60-70% आबादी ने उपन्यास वायरस का सामना किया है। देश के कुछ हिस्सों में अन्य अध्ययनों से 80% आबादी में आईजीजी एंटीबॉडी का पता चला है। दुनिया भर के अध्ययनों से संकेत मिलता है कि प्राकृतिक संक्रमण मजबूत और लंबे समय तक चलने वाली प्रतिरक्षा प्रदान करता है। संक्रमण के बाद, वायरस 10-15 दिनों तक हमारे शरीर में प्रतिकृति बनाता है और घूमता रहता है, जिससे लंबे समय तक काम करने वाली स्मृति और टी कोशिकाओं सहित हमारी प्रतिरक्षा प्रणाली को परिचित होने का पर्याप्त मौका मिलता है।इस प्रतिरक्षा स्मृति को तार्किक रूप से वेरिएंट के खिलाफ भी काम करना चाहिए। हम उन लोगों को पहचानते हैं जिन्हें हम कुछ समय से जानते हैं, कई वर्षों के अंतराल के बाद भी उनकी शक्ल-सूरत में कुछ अवशिष्ट विशेषताओं के कारण।

प्राकृतिक प्रतिरक्षा के प्रकृति के प्रयासों की नकल न करने के साक्ष्य और तर्क "स्मार्ट टीकाकरण" रणनीति का उपयोग करके, न्यूनतम इनपुट के साथ जनसंख्या स्तर की प्रतिरक्षा को तेजी से सक्षम कर सकते थे। यदि हमने

आईजीजी एंटीबॉडी वाले लोगों को बाहर रखा होता, तो हमें केवल टीकाकरण करना पड़ता। हमारी आबादी का एक हिस्सा बहुत सारे संसाधनों और धन की बचत कर रहा है।

हमारे नीति निर्माताओं को राजनीति और हितों के टकराव को दूर रखते हुए धीरे-धीरे कुछ गंभीरता से सोचने की जरूरत है। बहुत ज्यादा पूछ रहे हो?

कोविड के विरुद्ध युद्ध: यहां कोई असली विजेता नहीं।

विकसित देशों में जीवन को लम्बा खींचने के लिए कठोर उपायों के कारण विकासशील देशों में मृत्यु हुई

कोविड-19 से भी बड़ी आपदा को रोकने के लिए, दुनिया को उपन्यास कोरोनोवायरस के खिलाफ अपने "जब तक हम जीतेंगे" युद्ध को बंद कर देना चाहिए था। कलिंग युद्ध जीतने के बाद अशोक को पश्चाताप और तीव्र व्यक्तिगत पीड़ा महसूस हुई, जब उसने मौतें और तबाही देखीं युद्ध के परिणाम.

इसी तरह, चीनी योद्धा-दार्शनिक सन त्ज़ु ने सलाह दी, ""जो लड़ना चाहता है उसे पहले लागत की गणना करनी चाहिए। जब आप वास्तविक लड़ाई में शामिल होते हैं, यदि जीत आने में देर हो, तो पुरुषों के हथियार सुस्त हो जाएंगे और उनका उत्साह कम हो जाएगा। यदि आप किसी शहर की घेराबंदी करते हैं, तो आप अपनी ताकत समाप्त कर देंगे।" वह आगे कहते हैं, "बुद्धिमान नेता की योजनाओं में, लाभ और हानि का विचार एक साथ मिश्रित किया जाएगा।

महाभारत में, पांडवों के लिए युद्ध में जीत वीरानी और निराशा में बदल गई जब उन्होंने गौरव के क्षेत्र को मृतकों और मरने के क्षेत्र में तब्दील होते देखा।

कोविड-19 पर युद्ध की घोषणा करते समय, दुनिया जितना चबा सकती थी, उससे कहीं अधिक चबा गयी। घबराहट में लिए गए जल्दबाजी के फैसलों

से अतिरिक्त नुकसान से होने वाली मौतों और बर्बादी पर कोई असर नहीं पड़ा। सबसे अधिक प्रभावित निम्न आय वाले देशों के लोग हुए। भारी-भरकम कोविड-19 नियंत्रण उपाय समतावादी नहीं हैं। ब्रॉडबेंट और उनके सहयोगियों द्वारा लांसेट में प्रकाशित एक पेपर के अनुसार, लागत वैश्विक गरीबों पर पड़ती है। लेखकों ने निष्कर्ष निकाला है कि विकसित दुनिया में जीवन को लम्बा खींचने के लिए कठोर उपाय विकासशील दुनिया में मौतों का कारण बनते हैं। अमीर और गरीब के बीच की यह "सामाजिक दूरी" "कोविड उचित व्यवहार" के लिए आवश्यक "शारीरिक दूरी" से कहीं अधिक है। यह "सामाजिक दूरी" गरीबों के लिए जीवन या मृत्यु का फैसला कर सकती है।

कोविड-19 के खिलाफ युद्ध का आजीविका पर विनाशकारी प्रभाव पड़ा, जिससे विश्व के अधिकांश नागरिकों के समग्र स्वास्थ्य को खतरे में पड़ने का खतरा था। सार्वजनिक स्वास्थ्य पर नकारात्मक प्रभाव उपन्यास कोरोनवायरस के नियंत्रण की दिशा में किसी भी मामूली प्रभाव से कहीं अधिक होगा। विशेष रूप से कम आय वाले उष्णकटिबंधीय देशों में स्थानिक बीमारियाँ भड़केंगी क्योंकि अधिकांश स्वास्थ्य संसाधनों को युद्ध स्तर पर कोविड-19 के नियंत्रण की ओर मोड़ दिया गया है।

भारत में दुनिया का सबसे बड़ा और पूर्ण लॉकडाउन लगाया गया। अनुमानतः 10 मिलियन प्रवासी श्रमिक अपने गाँव लौट आए, जिनमें से कई पैदल और कुछ साइकिल पर थे। गरीबी, बेरोजगारी और गरीबी ऐसी कठोर और जल्दबाजी की रणनीति का नतीजा थी। यह अनुमान लगाने के लिए किसी फैंसी गणितीय मॉडल की आवश्यकता नहीं थी कि हम एक विनाशकारी सामाजिक और आर्थिक व्यवधान का सामना कर रहे हैं। अनुमानतः 400 मिलियन लोगों के गरीबी में गिरने का खतरा है।

चीन के विरुद्ध 1962 के युद्ध में हमारी सैन्य अपर्याप्तताएँ उजागर हो गईं। चीन से उत्पन्न नोवेल कोरोना वायरस के खिलाफ मौजूदा युद्ध में, हमारे सार्वजनिक स्वास्थ्य बुनियादी ढांचे की अपर्याप्तताएं उजागर हो गईं। गैर-कोविड मामलों की देखभाल, जो कोविड-19 से कई गुना अधिक मौतों का कारण बनती है, प्रभावित हुई। इसका कारण अत्यधिक स्वास्थ्य सेवाएँ और

कम उपयोग था। यहां तक कि गंभीर गैर-कोविड स्थिति वाले मरीज़ भी कोविड की चपेट में आने के डर से अस्पताल जाने से डरते थे। हाल के अनुमानों से पता चलता है कि महामारी के दौरान भारत में अतिरिक्त मौतों की संख्या कहीं अधिक है, जिसका अर्थ है कि कोविड-19 से होने वाली मौतों को कम बताया जा रहा है। हालाँकि, मौजूदा "युद्ध जैसे" माहौल को देखते हुए, जिसमें युद्ध के समय से भी अधिक सख्त कर्फ्यू है, इन अतिरिक्त मौतों का एक बड़ा हिस्सा गैर-कोविड स्थितियों के कारण हो सकता है। युद्ध के दौरान ""शोर"" और "" होता है। गर्मी और धूल के साथ-साथ सही तथ्यों और आंकड़ों को अस्पष्ट करने वाले प्रचार के कारण युद्ध जीतने के लिए असहमति पर विचार नहीं किया गया या उसे सेंसर नहीं किया गया। इस महामारी में विश्व सरकारों द्वारा इसी तरह की युद्ध जैसी रणनीतियों का उपयोग किया गया था।

चिकित्सा, पैरामेडिकल और फ्रंटलाइन कार्यकर्ता कोरोना-योद्धा बन गए। इस युद्ध में पैदल सैनिक होने के कारण उन्हें भारी खामियाजा भुगतना पड़ा।थालियों की आवाज और दीयों की बिजली के साथ जयकार करते हुए, अक्सर छूत के डर से समाज में कलंक का सामना करना पड़ता है।इसका उनके मानसिक स्वास्थ्य पर असर पड़ा और कई लोगों को जलन का सामना करना पड़ा। कुछ ने संपर्क किया और भीड़भाड़ वाले अस्पतालों में उच्च वायरल लोड के संपर्क में आने से संक्रमण का शिकार हो गए।

एक अपवाद को छोड़कर अधिकांश चीजें युद्ध स्तर पर चल रही थीं। मेडिकल छात्रों को घर भेज दिया गया, मेडिकल शिक्षण ऑनलाइन हो गया और मेडिकल छात्रों को वास्तविक दुनिया के मरीजों से दूर कर दिया गया। जबकि डॉक्टर, कुछ बुजुर्ग, अपने ""आवश्यक कर्तव्यों" का पालन कर रहे थे, मेडिकल स्कूलों को युवा मेडिकल छात्रों को आश्रय देने के लिए कथित तौर पर बंद कर दिया गया था, जो वायरस के प्रति बहुत कम संवेदनशील थे। यह एक विरोधाभास था। राष्ट्रीय रक्षा अकादमी (एनडीए) को बंद करने की कल्पना करें। या युद्ध के दौरान भारतीय सैन्य अकादमी (आईएमए)!

भविष्य की स्वास्थ्य देखभाल की नींव को कमजोर करने वाली चिकित्सा शिक्षा को निलंबित करने के अलावा, अन्य शैक्षणिक संस्थान दो साल से अधिक

समय तक बंद रहे। इससे अगली पीढ़ी को दीर्घकालिक सामाजिक, मनोवैज्ञानिक और शैक्षिक झटका लगेगा।

क्या ये सभी कठोर उपाय काम आये? उपलब्ध आंकड़े युद्ध स्तर पर लागू किए गए इन असाधारण उपायों की सफलता का प्रमाण नहीं देते हैं। भारत में महामारी की पहली लहर के बाद, भारतीय चिकित्सा अनुसंधान परिषद (आईसीएमआर) सर्वेक्षण के अनुसार देशव्यापी सेरोपॉजिटिविटी 21% थी। दूसरी लहर के बाद, आईसीएमआर द्वारा किए गए सीरोसर्वे के नवीनतम दौर से पता चलता है कि लगभग 67% या 90 करोड़ से अधिक भारतीयों ने उपन्यास कोरोनवायरस का सामना किया था (इसे अब और नया नहीं होना चाहिए)। एकमात्र आशा की किरण यह है कि यह विशाल कारक भारत में संक्रमण मृत्यु दर को 0.1% से भी कम कर देता है। यदि कोई इस वायरस की चपेट में आता है, तो उसके बचने की संभावना लगभग 99.9% है। सेंटर फॉर डिजीज कंट्रोल, यूएसए के अनुसार संक्रमण मृत्यु दर लगभग 0.3% है। इसलिए भले ही हम भारत में सकल अंडररिपोर्टिंग के लिए सही हों, जैसा कि आरोप लगाया जा रहा है,हमारे देश में सबसे अधिक स्थानिक संचारी और गैर-संचारी रोगों की तुलना में कोविड 19 से होने वाली मौतें बहुत कम हैं।

दिन के अंत में, कोई पूछ सकता है। क्या कोविड-19 के विरुद्ध युद्ध का हर संभव प्रयास अतिरिक्त नुकसान के लायक था? या कम तीव्रता वाला संघर्ष वांछनीय होता?आइए आशा करते हैं कि विवेक कायम रहेगा और कोविड-19 के खिलाफ "जब तक हम जीत नहीं जाते" युद्ध को हमारे अन्य गंभीर सार्वजनिक स्वास्थ्य समस्याएँ की तुलना में वायरस की घातकता के अनुरूप "कम-तीव्रता-संघर्ष" में बदल दिया जाएगा।

दहशत और महामारी - मन की स्वतंत्रता की ओर मुक्त होना

दहशत फैलाने के विज्ञान और कला पर स्वतंत्रता दिवस के विचार।

जहां मन भय रहित हो और सिर ऊंचा रखा हो,
जहाँ ज्ञान मुफ़्त है,
जहां दुनिया टुकड़ों में नहीं बंटी है
संकीर्ण घरेलू दीवारों से,
जहाँ शब्द सत्य की गहराइयों से निकलते हैं,
जहां अथक प्रयास उसके लक्ष्य को पूर्णता की ओर खींचता है,
जहां तर्क की स्पष्ट धारा ने अपना रास्ता नहीं खोया है.
मृत आदत की नीरस मृत रेत में,
जहां मन आपके द्वारा आगे बढ़ाया जाता है.
निरंतर व्यापक होते विचार और कार्य में.
आज़ादी के उस स्वर्ग में,
मेरे पिता, मेरे देश को जागने दो।

[रवीन्द्रनाथ टैगोर]

जैसा कि हम 75वां स्वतंत्रता दिवस मना रहे हैं, हमारे अधिकांश लोग महामारी की दहशत में जी रहे हैं। वर्तमान महामारी में, अधिकांश विश्व सरकारों की प्रतिक्रिया ने लोगों की परेशानियों को बढ़ा दिया है। दुनिया एक वैश्विक

"""आईट्रोजेनिक"""" आपदा का सामना कर रही है। लोगों की स्वतंत्रता और स्वायत्तता भी हर लहर या लहर की आशंका के साथ गंभीर रूप से कम हो जाती है, जो जाहिर तौर पर लोगों को उपन्यास कोरोनवायरस से बचाने के लिए होती है। बार-बार लगने वाले लॉकडाउन से आजीविका नष्ट हो रही है और लंबे समय में, जितने लोग कोविड-19 से बचेंगे, उससे कहीं अधिक लोग गरीबी से जुड़ी स्थितियों से मरेंगे।

इस माहौल में मन डर से भरा रहता है और सिर ऊंचा रखना मुश्किल हो जाता है।

ज्ञान के बारे में क्या? ज्ञान, विशेष रूप से वैज्ञानिक ज्ञान, तब फलता-फूलता है जब विपरीत दृष्टिकोणों और वैकल्पिक परिकल्पनाओं पर बहस और चर्चा की जाती है। महान असहमति महान विज्ञान को जन्म देती है। चिकित्सा के इतिहास में ऐसे डॉक्टरों के कई उदाहरण हैं जो समूह-विचार के अनुरूप नहीं थे और उनका उपहास किया गया और उन्हें मनमौजी कहकर खारिज कर दिया गया, लेकिन बाद में वे सही साबित हुए।

हंगरी के चिकित्सक इग्नाज सेमेल्विस ने उन्नीसवीं सदी में सावधानीपूर्वक एकत्र किए गए आंकड़ों के आधार पर संक्रमण को रोकने के लिए कड़ी धुलाई की वकालत की, जो जन्म के बाद उच्च मृत्यु दर के लिए जिम्मेदार था। उनके जीवनकाल में, चिकित्सा समुदाय द्वारा उनका उपहास किया गया और उन्हें बहिष्कृत किया गया, जिन्होंने सबूतों के बावजूद, उनके निष्कर्ष को अजीब घोषित कर दिया। निराश होकर, उन्होंने शराब पीना शुरू कर दिया और 1865 में एक शरण में चले गए जहाँ उन्हें पीट-पीटकर मार डाला गया। अपने दृढ़ विश्वास के साहस के लिए उन्होंने भारी कीमत चुकाई। डेढ़ सदी से भी अधिक समय के बाद। दुनिया उनकी सलाह का उत्साहपूर्वक पालन कर रही है!

पेशेवर शक्तिशाली संघ बनाते हैं, जो कभी-कभी चिकित्सा सहमति की आड़ में यथास्थिति को बढ़ावा देते हैं।"" समूह-सोच के खिलाफ जाना आसान नहीं है और यह किसी के शैक्षणिक और वैज्ञानिक करियर को खतरे में डाल

सकता है। इतिहास अपने आप को दोहरा रहा है. वर्तमान चिकित्सा सहमति के विरुद्ध किसी भी दृष्टिकोण पर बहस करने के बजाय उसे सेंसर कर दिया जाता है। बहस की जगह हठधर्मिता ले रही है। ऐसे वातावरण में विज्ञान का पतन हो जाता है।

"अनुदान संचालित अनुसंधान" के युग में, अक्सर वैज्ञानिक लिपि प्रायोजकों से प्रभावित होती है। ज्ञान मुफ़्त नहीं है. शोध के माध्यम से इसे प्राप्त करने के लिए शोध अनुदान की आवश्यकता होती है।

जब अनुसंधान केवल निहित स्वार्थ वाले प्रायोजकों के अनुदान से ही संभव है तो टैगोर के ज्ञान के स्वतंत्र होने के सपने को कैसे साकार किया जा सकता है? शायद इसका एक तरीका राज्य द्वारा अनुसंधान में अधिक निवेश हो सकता है। कॉर्पोरेट व्यावसायिक घरानों से अनलिंक किए गए अज्ञात दाताओं द्वारा उत्पन्न अनुसंधान के लिए एक कोष पर भी विचार किया जा सकता है।

महामारी ने दुनिया को टुकड़ों में तोड़ दिया है। इसकी प्रतिक्रिया के कारण यात्रा पर गंभीर प्रतिबंध लगाए गए। वैक्सीन की उपलब्धता के बाद ''वैक्सीन पासपोर्ट'' पर विचार किया जा रहा है। टीकों की सुरक्षा और प्रभावकारिता पर सवाल उठाने वाले वैज्ञानिकों को साक्ष्य और ठोस डेटा के साथ खंडन करने के बजाय ""एंटी-वैक्सर्स"" के रूप में लेबल किया जाता है। सबूतों और ठोस डेटा के साथ यह बहस लोगों को बेहतर ढंग से समझाएगी और प्रचार और कॉलर ट्यून के बजाय "वैक्सीन झिझक" को दूर करेगी। अफसोस, टैगोर द्वारा परिकल्पित तर्क की यह स्पष्ट धारा अपना रास्ता खो चुकी है।

तर्क की धारा को साफ़ करने और उसे उचित दिशा में ले जाने का आगे का रास्ता क्या है?

भय अज्ञान से उत्पन्न होता है। मीडिया और निहित स्वार्थों के कारण दहशत किसी भी वायरस की तुलना में जंगल की आग की तरह तेजी से फैलती है। जनसंख्या की दहशत लोगों को निहित स्वार्थों द्वारा शोषण के प्रति संवेदनशील बनाती है। निहित स्वार्थ बड़े पैमाने पर उन्माद को यथासंभव लंबे समय तक बनाए रखना चाहते हैं।

अफसोस की बात है कि स्वीडन जैसे कुछ उल्लेखनीय उदाहरणों को छोड़कर, अधिकांश देशों ने लोगों के साथ स्वतंत्र नागरिकों के बजाय पितृसत्तात्मक व्यवहार किया। जैसे माता-पिता अपने बच्चों को अनुशासित करते हैं, जो उन्हें वांछनीय तरीके से व्यवहार करने के लिए डर का आह्वान करते हैं, उसी तरह सरकारें, मीडिया और यहां तक कि शिक्षाविद्, लोगों को अनुपालन के लिए मजबूर करने के लिए दहशत और डर फैलाते हैं।

सामूहिक दहशत का टीका जोखिम संचार है। यह पारदर्शी और सूचित होना चाहिए. घबराहट और डर पैदा करना, कलंक और शर्मिंदगी और उपहास की अपनी शाखाओं के साथ हेरफेर है और जोखिम संचार नहीं है।

जबकि वैज्ञानिक फास्ट ट्रैक टीके विकसित करने, वेरिएंट और उनके व्यवहार का पता लगाने के लिए सटीक दवा की खोज कर रहे हैं, लोगों को सूचित करने और घबराहट को खत्म करने के लिए जोखिम संचार के लिए एक समान सटीक दृष्टिकोण वांछनीय है।

लोगों को यह एहसास कराया जाना चाहिए कि हम रोजाना कुछ हद तक जीवन के जोखिम के साथ जीते हैं। इस जोखिम को कभी भी शून्य नहीं किया जा सकता। इसलिए, यदि हम कोविड के शून्य मामलों की प्रतीक्षा करते हैं तो हम सतत लॉकडाउन में रहेंगे और वायरस हम तक पहुंचने से पहले हममें से अधिकांश लोग भूख से मर जाएंगे।

इसी तरह, सभी श्वसन वायरस की तरह मौसमी उतार-चढ़ाव होंगे। विभिन्न प्रकार के हितों के टकराव से इन तिलिस्मों को पहाड़ों में बदला जा सकता है।

जोखिम का आकलन जो विज्ञान और निर्णय पर निर्भर करता है, को सार्वजनिक जानकारी के लिए जोर देने की आवश्यकता है। सांख्यिकी का विज्ञान भविष्य की आपदाओं की भविष्यवाणी करने के लिए पिछली लहरों में हुई मौतों को संकलित कर सकता है। फैसले में सामाजिक और राजनीतिक मुद्दे शामिल हैं। इसमें जोखिम का सामना करने वाले व्यक्तियों और समुदायों के दृष्टिकोण शामिल हैं। कथित लाभ और हानि के बीच हमेशा एक समझौता शामिल होता है, ऐसा लगता है कि इस महामारी में अधिकांश विश्व सरकारों ने

इसे नजरअंदाज कर दिया है। कोरोना वायरस की चपेट में आने के बाद मरने का जोखिम विश्व स्तर पर 0.3% है और भारत में युवा आबादी के कारण कम है। इस कठिन डेटा के आधार पर, लोगों को यह बताया जा सकता है कि यदि कोई स्वस्थ व्यक्ति उपन्यास वायरस से संक्रमित हो जाता है, तो उस व्यक्ति के जीवित रहने की संभावना 99.7% है। यह उत्तरजीविता हमारी अधिकांश स्थानिक बीमारियों की तुलना में कहीं अधिक है। यहां तक कि यह जोखिम सभी आयु वर्गों में एक समान नहीं है। स्वस्थ बच्चों में कोविड-19 से मरने का जोखिम लगभग शून्य है।

जोखिम संचार में उच्च जोखिम वाले समूहों पर भी जोर दिया जाना चाहिए जैसे सह-रुग्णता वाले लोग, कमजोर बुजुर्ग, और शायद सह-रुग्णता वाले युवा लोग भी। उनके लिए केंद्रित सुरक्षा की सलाह दी जा सकती है, जबकि न्यूनतम जोखिम का सामना करने वाले स्वस्थ लोग अपनी नियमित गतिविधियों को जारी रख सकते हैं।

आईसीएमआर के नवीनतम सीरोसर्वे के परिणामों के निहितार्थ, जिसमें लगभग 67% आबादी में सुरक्षात्मक आईजीजी एंटीबॉडी पाए गए हैं, अगर ठीक से संचार किया जाए तो जनसंख्या की दहशत को भी कम किया जा सकता है।

आइए आशा करें कि यह स्वतंत्रता दिवस, तर्क और तर्कसंगतता हमें "निरंतर व्यापक विचार और कार्रवाई में, और स्वतंत्रता के उस स्वर्ग में ..." वापस ले जाएगी, जिसकी परिकल्पना टैगोर ने की थी।

स्वास्थ्य की दृष्टि से: असंभव का पीछा करने की कीमत।

सहकर्मी- समीक्षित शोध से पुष्टि होती है कि दहशत और भय ने सीओवीआईडी के कारण होने वाली मौतों में योगदान दिया। घबराहट और गलत नीतियों ने भी निहित स्वार्थों को संदिग्ध इलाज को बढ़ावा देने और 99% प्रभावकारिता का दावा करने की अनुमति दी!

"थॉर, नॉर्स पौराणिक कथाओं में गरज और बिजली का देवता, विशाल राजा के सामने खड़ा था। गौरव दांव पर था। राजा ने थोर के सामने एक पीने का सींग रखने के लिए कहा, और उसे इसे खाली करने के लिए चुनौती दी। थोर ने प्याला उठा लिया और एक के बाद एक लंबे घूंट पीने लगा, लेकिन चाहे वह कितना भी गहरा और कितना भी पी ले, उसे लगा कि उसकी सांसें खत्म हो रही हैं और पीने का हार्न अभी भी लगभग भरा हुआ है। वह प्याले को खाली करने के लिए तेजी से और उग्र प्रयास करता रहा लेकिन सब व्यर्थ रहा बर्तन में लेवल धंस गया लेकिन वह उसे खाली नहीं कर सका।"

थोर हैरान था. अपनी ही उलझन में डूबे हुए, उसे राजा के आचरण में चिंता नजर नहीं आई। थोर को जो सौंपा गया था वह कोई साधारण प्याला नहीं था। युक्ति से सींग को पास के समुद्र से जोड़ दिया गया। और थोर समुद्र को ख़त्म करने के करीब आ गया था! अनजाने में, वह असंभव का प्रयास कर रहा था।

यह कहानी प्राचीन पौराणिक कथाओं से है। क्या हम दुनिया से नोवेल कोरोना वायरस को ख़त्म करने की कोशिश में उसी चुनौती का सामना कर रहे हैं जैसी थोर को गॉब्लेट को ख़त्म करने की कोशिश में झेलनी पड़ी थी? क्या हम भी असंभव का प्रयास कर रहे हैं?

हमारा देश लोगों का एक महासागर है और अधिकांश लोग कोरोना वायरस के प्राकृतिक संक्रमण से उबर चुके हैं। परीक्षण, ट्रेस और आइसोलेट की अनुशंसित रणनीति ने संक्रमण के प्रसार या संक्रमण के साथ सभी की पहचान करने पर शायद ही कोई प्रभाव डाला हो। ""संचरण की श्रृंखला को तोड़ने"" और समुदाय में वायरस के भंडार को खत्म करने के लिए इन तरीकों से संक्रमण के केवल एक अंश की पहचान की गई।

भारतीय चिकित्सा अनुसंधान परिषद (आईसीएमआर) द्वारा जून 2021 में किए गए सीरोसर्वेक्षण से पता चला कि 67.6% भारतीयों में एंटीबॉडीज थीं। इससे हम अनुमान लगा सकते हैं कि आश्चर्यजनक रूप से 92 करोड़ से अधिक लोगों में या तो प्राकृतिक संक्रमण के कारण, अधिकतर या आंशिक रूप से टीकाकरण के कारण प्रतिरक्षा विकसित हुई थी। सर्वेक्षण के समय, 20% से कम आबादी ने एक खुराक ली थी और लगभग 5% ने टीके की दोनों खुराक

ली थी। तो हम मान सकते हैं कि हमारे देश में लगभग 75 करोड़ लोगों ने प्राकृतिक संक्रमण से उबरने के बाद प्रतिरक्षा हासिल कर ली है। "परीक्षण, उपचार, पृथक" रणनीति द्वारा पहचाने गए मामले लगभग 3 करोड़ की मामूली संख्या में थे। इसलिए हरक्यूलियन अनुपात (या थोरियन अनुपात!) के गहन संपर्क अनुरेखण प्रयासों से हम केवल 4% मामलों का पता लगाने में सक्षम थे। इस समय देश.

नोवेल कोरोना वायरस सभी वायरसों का डॉन है, जिसे पकड़ना न केवल मुश्किल है बल्कि असंभव भी है। और सभी सफल डॉनों की तरह, इसने केवल घातकता के बजाय भय और दहशत से अधिक शासन किया।दहशत और भय ने भी इस वायरस से होने वाली मौतों में योगदान दिया, जैसा कि कॉम्पैनियेट्स और सहकर्मियों द्वारा सार्वजनिक स्वास्थ्य अनुसंधान अभ्यास और पुलिस के जुलाई 2021 अंक में प्रकाशित मूल शोध पत्र की हालिया जोड़ी में बताया गया है। कोविड-19 के कारण अस्पताल में भर्ती 540, 667 वयस्कों में से, शोधकर्ताओं ने गंभीर परिणामों और मौतों के जोखिम कारकों की पहचान करने की कोशिश की। जांचकर्ताओं को यह देखकर आश्चर्य हुआ कि मोटापा के बाद चिंता और भय संबंधी विकार दूसरा सबसे बड़ा जोखिम कारक है, जो कोविड-19 से मौत का कारण बनता है।

सरकार को सलाह देने वाले वैज्ञानिकों ने जल्दी ही कहानी खो दी। किसी प्रकोप के प्रारंभिक चरण में परीक्षण और पता लगाना महत्वपूर्ण है जब यह एक स्थानीय धारा है और (मानवता के) महासागर में विलीन नहीं हुई है, या महामारी के अंत में जब यह एक पोखर में कम हो गई है, यानी यदि सार्वजनिक स्वास्थ्य बीमारी से जुड़ी समस्या अभी भी उन्मूलन की मांग करती है। अन्यथा पोखर को अकेला छोड़ा जा सकता है। हमारे देश में कई ऐसे बड़े गड्ढे हैं, जिन्हें साफ़ नहीं किया गया है, जैसे कि तपेदिक, जिससे प्रतिदिन 1200 से अधिक मौतें होती हैं, प्रतिदिन 2000 से अधिक बच्चों की मृत्यु होती है, टाइफाइड जिसमें उचित निगरानी और गिनती प्रणाली नहीं है, लेकिन इसके बावजूद अनुमानित बोझ सराहनीय है। एक प्रभावी टीका, इत्यादि।

इसकी निरर्थकता ही नहीं. जब धारा सामुदायिक प्रसारण के सागर में विलीन हो गई तो इन निरर्थक उपायों की लागत के बारे में क्या? अवसर लागत के बारे में क्या? उन लोगों के बीच डर, कलंक और संगरोध के उत्पीड़न के बारे में क्या, जिन्हें बेतरतीब ढंग से गॉब्लेट में उठाया गया था, जबकि वायरस को आश्रय देने वाले अधिकांश लोग हमारे घनी आबादी वाले देश में मानवता के महासागर में थे?

सबसे पहले, आइए परीक्षण और अनुरेखण की निरर्थकता और उपयोगिता पर विचार करें। वैज्ञानिक दृष्टिकोण से, एक बार सामुदायिक प्रसारण शुरू हो जाने के बाद परीक्षण और ट्रेसिंग का कोई मतलब नहीं रह जाता है। भले ही परीक्षणों की संख्या 10 गुना बढ़ा दी गई हो, फिर भी हम अपने देश में होने वाले अधिकांश सकारात्मक मामलों से चूक गए होंगे, जैसा कि नवीनतम से पता चला है। सीरोसर्वेक्षण।

दूसरी ओर, मामलों की संख्या बढ़ाने और लोगों में दहशत और भय पैदा करने के लिए आक्रामक परीक्षण और ट्रेसिंग और संगरोध की बहुत उपयोगिता है। लोगों के गले, आंत और त्वचा में बहुत सारे वायरस और बैक्टीरिया होते हैं, जिनमें से कुछ कोविड-19 से कहीं अधिक गंभीर बीमारियों का कारण बनते हैं।लेकिन चिकित्सा के इतिहास में कभी भी लोगों को बिना किसी लक्षण के उनसे अलग किए गए रोग पैदा करने वाले रोगजनकों के आधार पर मामलों के रूप में लेबल नहीं किया गया, जैसा कि कोविड-19 के लिए किया गया था। बढ़ते मामलों की घबराहट का फायदा निहित स्वार्थों द्वारा संदिग्ध उपचारों और निवारकों को बढ़ावा देने के लिए किया जाता है, जिसमें "घातक" वायरस की 0.3% की कम संक्रमण मृत्यु दर को देखते हुए 99% से अधिक सफलता दर का आश्वासन दिया जाता है।

लागत के बारे में क्या? यह अनुमान लगाया गया है कि संयुक्त राज्य अमेरिका में संपर्क अनुरेखण की लागत 3.6 बिलियन डॉलर थी। भारत की जनसंख्या संयुक्त राज्य अमेरिका की तुलना में तीन गुना है, इसलिए हमारे देश में संपर्क अनुरेखण और संगरोध की अनुमानित लागत लगभग 14 बिलियन डॉलर होगी। क्या हम इस प्रकार का पैसा वहन कर सकते हैं जब हमारा

सार्वजनिक स्वास्थ्य ढांचा खस्ताहाल है? यदि हमने इसका उपयोग मध्यम से गंभीर मामलों के प्रबंधन के लिए सार्वजनिक स्वास्थ्य बुनियादी ढांचे को मजबूत करने के लिए किया होता तो दूसरी लहर में हमारी मृत्यु दर अभी भी कम होती।

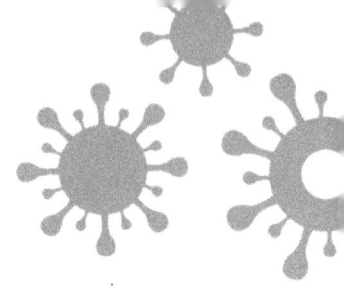

सार्वजनिक स्वास्थ्य: कॉर्पोरेट अस्पताल ने पारिवारिक चिकित्सकों को बाहर कर दिया लेकिन उनकी जगह लेने में विफल रहा।

कॉर्पोरेट अस्पतालों ने पारिवारिक चिकित्सकों को बाहर कर दिया है लेकिन आकार, चमक-दमक और ग्लैमर हमेशा प्रभावी नहीं होते हैं जैसा कि डेविड बनाम गोलियथ की बाइबिल कहानी हमें बताती है।

गोलियत एक विशाल पलिश्ती योद्धा है जिसके पास पूर्ण कवच, तलवार और भाला है, जो युद्ध के लिए अत्याधुनिक उपकरणों से सुसज्जित है। वह असीमित धन के साथ शक्ति का प्रतीक है। दूसरी ओर, डेविड एक छोटा सा चरवाहा लड़का है जिसके पास एक छड़ी और एक गोफन है, जिसने शक्तिशाली गोलियथ से लड़ने की चुनौती लेने का साहस किया। आगामी प्रतियोगिता में सभी को आश्चर्यचकित करते हुए, डेविड अपनी चपलता, लचीलेपन और अनुकूलनशीलता के साथ, अनाड़ी, टटोलते हुए, गोलियथ को अपने गोफन से फेंके गए एक तेज पत्थर से नीचे गिरा देता है।

सदियों से लोगों ने यह मान लिया है कि गोलियथ को, उसके आकार और भारी कवच को देखते हुए, इस असमान लड़ाई में फायदा हुआ था और गोलियथ पर डेविड की जीत सभी बाधाओं के बावजूद एक आकस्मिक थी।

हाल ही में, मैल्कम ग्लैडवेल ने प्रकाशित शोध के आधार पर अपनी पुस्तक "डेविड एंड गोलियथ: अंडरडॉग्स, मिसफिट्स एंड द आर्ट ऑफ बैटलिंग

जाइंट्स" में इस बाइबिल की कहानी की पुनर्व्याख्या की है। इस असमान मुकाबले में पलड़ा भारी रहा। वैज्ञानिक और धार्मिक जांचों ने डेविड और गोलियथ के बीच टकराव से जुड़े कई दिलचस्प तथ्य उजागर किए हैं।

मूल हिब्रू धर्मशास्त्र ग्रंथों और वर्तमान वैज्ञानिक जानकारी में गोलियथ के विवरण के सावधानीपूर्वक अध्ययन के बाद, 2014 में अल्स्टर मेडिकल जर्नल में प्रकाशित डिएरडी डोनेली और पैट्रिक मॉरिसन द्वारा एक सहकर्मी-समीक्षा पत्र, जिसका शीर्षक था, "वंशानुगत विशालवाद' - बाइबिल गोलियथ और उसके भाई, निष्कर्ष निकाला कि गोलियथ मस्तिष्क के आधार पर पिट्यूटरी ग्रंथि के ट्यूमर के कारण होने वाली एक्रोमेगाली से पीड़ित था। यह स्थिति वृद्धि हार्मोन के स्राव को बढ़ाती है जो विशालता का कारण बनती है।

ट्यूमर ऑप्टिक तंत्रिका पर भी दबाव डालता है जो आंखों से दृश्य छवियों को मस्तिष्क तक ले जाती है और इससे दोहरी दृष्टि और गंभीर निकट दृष्टि दोष हो सकता है। गोलियथ अंधा है, यह बाइबिल की कथा में स्पष्ट है जहां उसे प्रतियोगिता में हाथ से ले जाना पड़ता है। लकड़ी काटने वाला बड़ा विशालकाय व्यक्ति भी अपने बोझिल भारी कवच के बोझ तले दब जाता है, जिससे उसकी हरकतें अनाड़ी और धीमी हो जाती हैं। हालाँकि आकार में डेविड का कोई मुकाबला नहीं था, लेकिन गति और लचीलेपन का फायदा उठाकर उसने अपने ताकतवर दुश्मन को अपनी स्लिंग से सटीक थ्रो से परास्त कर दिया।

ग्लैडवेल का कहना है कि इस प्राचीन कहानी के सबक बड़े अखंड संगठनों पर लागू होते हैं। वही चीज़ें जो इन संगठनों को दुर्जेय बनाती हैं जैसे कि आकार, विशाल संसाधन, अत्याधुनिक तकनीक, अक्सर इन कंपनियों को गोलियथ के भारी कवच की तरह कमजोर कर देती हैं और उनकी दृष्टि को सीमित कर देती हैं जिससे बड़ी और अप्रत्याशित विफलताएं होती हैं। विकास की अवधि के बाद, आकार लाभ से बाधा में बदल जाता है। गोलियथ के समय में अनुपस्थित हितों का टकराव, उन्हें स्वायत्तता से वंचित करता है।

हाल के दशकों में चिकित्सा और सार्वजनिक स्वास्थ्य जिस विशाल ऊंचाई पर पहुंचा है, उसमें इन गतिशीलता में समानताएं खींची जा सकती हैं। जीनोमिक्स, सटीक चिकित्सा और जैव प्रौद्योगिकी जैसी चिकित्सा प्रौद्योगिकी में उल्लेखनीय प्रगति ने चिकित्सा को "विशाल" या "एक्रोमेगालस" ऊंचाइयों में बदल दिया है! प्रौद्योगिकी को बनाए रखने की संबंधित लागतों और चुनौतियों ने व्यक्तिगत अभ्यास को कॉर्पोरेट अस्पतालों के लिए रास्ता दे दिया है, जिससे दवा को फार्मास्युटिकल दिग्गजों द्वारा समर्थित बड़े व्यवसाय में बदल दिया गया है।

मेडिको-फार्माकोलॉजिकल उद्योग के विशाल आकार और विशाल दृश्यता ने लोगों के बीच अवास्तविक उम्मीदों को जन्म दिया है कि हर बीमार के पास एक गोली है। इसमें कोई संदेह नहीं है कि चिकित्सा प्रगति से लोगों के स्वास्थ्य और कल्याण में उल्लेखनीय सुधार हुआ है। लेकिन गोलियथ के मामले की तरह,इस फेसलेस विकास उद्योग की दृष्टि और लचीलापन सिकुड़ गया है और कम हो गया है। यह सभी के लिए चिंता और आत्मनिरीक्षण का विषय होना चाहिए। इस चिकित्सा दिग्गज का पतन मानव जाति के लिए विनाशकारी हो सकता है। दीवार पर लिखा होना अशुभ है.

नवीनतम महामारी के प्रति इस मेडिकल गोलियथ की प्रतिक्रिया ने इन सीमाओं को सामने ला दिया। एस ए आर एस – कोवी-2 के रूप में एक फुर्तीले, छोटे, तेजी से फैलने वाले और अनुकूलनीय दुश्मन का सामना करते हुए, यह अदृश्य दुश्मन को हराने के लिए अनाड़ी रूप से टटोलता और लड़खड़ाता रहा। इस विशालकाय की अनाड़ी दृष्टिहीन गतिविधियों ने दुनिया भर में जीवन और आजीविका को रौंद दिया। लॉकडाउन जैसे लंबे समय तक प्रतिबंधात्मक उपायों ने व्यवसायों को नष्ट कर दिया और समाज को खंडित कर दिया।

जबकि कई अज्ञात लोगों के सामने प्रारंभिक अजीब और असंगठित प्रतिक्रिया समझ में आने वाली थी, लेकिन विशालकाय सबूत जमा करने के लिए खुद को ढालने में विफल रहा। जब डेटा से पता चला कि नया वायरस ज्यादातर कमजोर बुजुर्गों या सह-रुग्णताओं वाले लोगों के लिए घातक है, तो उसने सभी के लिए प्रतिबंधात्मक उपायों को जारी रखा। जब सबूतों से पता

चला कि युवा लोगों और बच्चों के लिए जोखिम न्यूनतम थे और दैनिक जीवन के कई जोखिमों जैसे दुर्घटनाओं और अन्य स्थानिक बीमारियों की तुलना में बहुत कम थे, तो कई देशों में स्कूल और शैक्षणिक संस्थान बंद कर दिए गए और बंद किए जाते रहे।

जिस तरह गोलियथ ने बिना कोई प्रभाव डाले डेविड पर आंख मूंदकर हमला किया, उसी तरह कोविड-19 प्रतिक्रिया का मुख्य आधार संपर्क ट्रेसिंग और संगरोध द्वारा वायरस का अंधा पीछा करने पर निर्भर रहा, तब भी जब वायरस चुपचाप समुदायों में फैल गया और ये संसाधन-गहन उपाय नहीं दिखे। महामारी के बाद के चरणों के दौरान कोई भी सेंध लगाना व्यर्थ और महंगा था।

जिस तरह एक पिट्यूटरी ट्यूमर बढ़ता रहता है और अधिक वृद्धि हार्मोन स्रावित करता है, जिससे आकार बढ़ता है और दृष्टि कम होती जाती है, महामारी की प्रतिक्रिया ने युवा लोगों और बच्चों सहित सभी उम्र के लोगों के लिए टीकों के विस्तार के माध्यम से अधिक प्रौद्योगिकी को प्रेरित किया, जो न्यूनतम जोखिम में हैं, जबकि फुर्तीला वायरस जारी रहा अधिक उत्परिवर्तनों के माध्यम से अनुकूलन करना।यह उन्मत्त सामूहिक टीकाकरण अभियान उन देशों में भी चलाया जा रहा था जहां तीन में से हर दो व्यक्ति प्राकृतिक संक्रमण से उबर चुके थे, जैसा कि सीरोसर्वे से पता चला है।शोध से पता चलता है कि प्राकृतिक संक्रमण मजबूत प्रतिरक्षा प्रदान करता है जबकि टीकों के बारे में ऐसा नहीं कहा जा सकता है। आपातकालीन उपयोग प्राधिकरण के तहत आने वाले टीकों के लंबे समय तक प्रतिकूल प्रभाव, यदि कोई हों, भी अज्ञात हैं।

इस संकट में, कई लोग चिकित्सा के "डेविड्स" को याद कर रहे होंगे, यानी, बीते युग के सामान्य चिकित्सक, स्लिंग के प्रतीक स्टेथोस्कोप के साथ। उन्हें आश्चर्य होगा कि क्या इन डेविड्स ने अपने लचीले और अनुकूलित दृष्टिकोण के साथ बेहतर प्रदर्शन किया होगा , आरटी-पीसीआर और छाती स्कैन के महंगे "अत्याधुनिक" कवच के बजाय महंगी और बेकार पुनर्निर्मित दवाओं की मेजबानी। उन्हें यह भी आश्चर्य होगा कि क्या डेविड ने उन्हें तेजी से विकसित टीकों की बढ़ती पसंद से टीका लगवाने के लिए मजबूर किया होगा।

विशाल गोलियथ ने वायरस की अंधी दौड़ में आजीविका को रौंदने के अलावा एक ऐसी बीमारी के लिए ये सब करना जारी रखा जिसमें वायरस की चपेट में आने वाले 99.9% लोग बच जाते हैं।

विशाल और फुर्तीले वायरस के बीच लड़ाई जारी है, इसलिए यह भविष्यवाणी करना या निर्णय देना अनुचित होगा कि कौन जीतेगा या सही दृष्टिकोण क्या है। भावी पीढ़ी न्याय करेगी।

चिकित्सा नेताओं के लिए सैन्य पाठ।

देश में उष्णकटिबंधीय बीमारियों को नज़रअंदाज़ करना और गलत जानकारी वाले पश्चिमी सिद्धांतों का आँख बंद करके अनुसरण करना एक महँगी गलती है।

कर्ट वॉन हैमरस्किन-इक्कार्ड, एक जर्मन जनरल और एडॉल्फ हिटलर और नाज़ी शासन के लंबे समय तक प्रतिद्वंद्वी, ने सैन्य नेताओं के लिए एक वर्गीकरण योजना की कल्पना की, ""1 चार प्रकारों को अलग करते हैं। चतुर, मेहनती, मूर्ख और आलसी अधिकारी होते हैं। आमतौर पर दो विशेषताएँ संयुक्त होती हैं। कुछ चतुर और मेहनती होते हैं; उनका स्थान जनरल स्टाफ है। अगले वाले मूर्ख और आलसी हैं; वे प्रत्येक सेना का 90 प्रतिशत हिस्सा बनाते हैं और नियमित कर्तव्यों के लिए उपयुक्त हैं। जो कोई भी चतुर और आलसी दोनों है वह सर्वोच्च नेतृत्व कर्तव्यों के लिए योग्य है, क्योंकि उसके पास कठिन निर्णयों के लिए आवश्यक मानसिक स्पष्टता और तंत्रिका शक्ति है। किसी ऐसे व्यक्ति से सावधान रहना चाहिए जो मूर्ख और मेहनती दोनों हो; उसे कोई जिम्मेदारी नहीं सौंपी जानी चाहिए क्योंकि वह हमेशा नुकसान ही पहुंचाएगा।"

वैश्विक चिकित्सा समुदाय ने एस ए आर एस – कोवी-2 पर युद्ध की घोषणा की। लागत और संपार्श्विक क्षति शायद पहले के दो महान सैन्य युद्धों के पैमाने तक पहुंच गई। युद्ध स्तर पर महामारी अभियानों के लिए सैन्य युद्धों के समान उच्च क्षमता वाले नेतृत्व गुणों की आवश्यकता होती है। महत्वपूर्ण अंतर्दृष्टि

प्राप्त की जा सकती है- उन नेतृत्व शैलियों का विश्लेषण करके जिन्होंने रणनीतियों को आकार दिया और महामारी के खिलाफ चल रहे युद्ध में ऐसा करना जारी रखा है।

दुर्भाग्य से, महामारी पर वर्तमान युद्ध का नेतृत्व चिकित्सा विचारक नेता ने किया था, जिनके अनुभव की कमी के कारण उन्हें कठोर कदम उठाने पड़े, जिससे भारी नुकसान हुआ। पश्चिम के विशेषज्ञ, जिन्होंने महामारी के खिलाफ वैश्विक युद्ध का नेतृत्व किया, उनके पास युद्ध के अनुभव की कमी थी क्योंकि वे कुछ संचारी रोगों को संभालते थे। हालाँकि वे मुख्यधारा की चिकित्सा सोच पर हावी हैं। उनके द्वारा प्रकाशित चिकित्सा साहित्य को श्रद्धा के साथ पढ़ा जाता है जो आमतौर पर पवित्र ग्रंथों के लिए आरक्षित होता है!महामारी के दौरान उनकी कुछ प्रतिष्ठित पत्रिकाओं के फर्जी आंकड़ों पर आधारित शोध को वापस लेने से हमें आश्चर्य होता है कि क्या हम हमेशा से झूठे देवताओं की पूजा करते रहे हैं!

एस ए आर एस – कोवी-2 उपन्यास के खतरे पर इन विशेषज्ञों की प्रतिक्रिया डॉन क्विक्सोट और उनके सहयोगी सांचो पांजा की क्लासिक कहानी की याद दिलाती है जो भ्रमित नेतृत्व का प्रतीक है। पवन चक्कियों को राक्षस समझने जैसे क्विक्सोटिक भ्रम ने "पवन चक्कियों पर झुकना" मुहावरे को जन्म दिया जिसका अर्थ है काल्पनिक दुश्मनों पर हमला करना। प्रबंधन की भाषा में इसका अर्थ उन मुद्दों को संबोधित करना है जो महत्वहीन हैं या जिन पर काबू पाना असंभव है। अपने भ्रम के बावजूद डॉन क्विक्सोट ने पांजा की भक्ति और प्रशंसा जीत ली।

अत्यधिक घातक वायरस के भ्रम के कारण चिकित्सा नेतृत्व में घबराहट फैल गई। जब नेतृत्व घबराता है, तो आम लोग कई गुना घबरा जाते हैं। निष्पक्ष होने के लिए, उच्च घातकता का यह भ्रम महामारी के प्रारंभिक चरण में जिमीटेड डेटा के कारण था। जो भी आंकड़े उपलब्ध थे वे गंभीर रूप से बीमार अस्पताल के मामलों से संबंधित थे। स्वाभाविक रूप से इनमें घातकता को अधिक महत्व दिया गया। उच्च श्रेणी निर्धारण पत्रिका लांसेट ने एक प्रारंभिक

पेपर प्रकाशित किया जिसमें उपन्यास वायरस से 20% की मृत्यु दर का अनुमान लगाया गया।

हालाँकि, एक अच्छा सैन्य नेता बदलती गतिशीलता के साथ अपने हमले को जांचने के लिए युद्ध के मैदान से जानकारी की निगरानी करता है। महामारी में भी जब अध्ययनों से पता चला कि अधिकांश संक्रमण स्पर्शोन्मुख, हल्के और स्व-सीमित हैं, तो उन संक्रमित गुमराह प्रयासों से 0.3% से भी कम मौतें हुईं और संदिग्ध नियंत्रण नीतियों पर संसाधन बर्बाद होते रहे।

अधिकांश देशों द्वारा अपनाई गई रणनीति स्पीड ब्रेकर के रूप में कार्य करने और अभिभूत अस्पताल सेवाओं को राहत देने के लिए "ट्रांसमिशन की श्रृंखला को तोड़ने" के लिए प्रतिबंधात्मक उपायों का उपयोग करना था। सैन्य अभियानों में, बड़े पैमाने पर हताहतों की संख्या को रोकने के लिए इसकी तुलना अस्थायी वापसी से की जा सकती है।

इस बीच, नवीन जीन आधारित प्रौद्योगिकी की सहायता से टीके का विकास बहुत तेजी से आगे बढ़ा। इससे त्वरित जीत की आशावाद और शून्य मामलों का अवास्तविक लक्ष्य उत्पन्न हुआ।

यह रणनीति दोषपूर्ण क्यों थी? एक अच्छा सेनापति सभी मोर्चों पर युद्ध लड़ता है। इस बुनियादी सिद्धांत को नज़रअंदाज कर दिया गया और केवल एक मोर्चे, यानी, कोविड-19, पर एक-दिमाग वाले एक-दिमाग वाले हमले में इसे अनदेखा किया जाता रहा। जब जल्दबाजी की जाती है, जब लड़ाई हार जाती है और जीत ली जाती है तो हम इस कड़वी सच्चाई पर पहुंच सकते हैं कि हमने कोविड-19 से बचाई गई जिंदगियों की तुलना में आजीविका के नुकसान से अधिक जिंदगियां खो दी हैं।

जबकि पश्चिम के चिकित्सा नेताओं को उनके भोलेपन के लिए माफ किया जा सकता है क्योंकि अधिकांश ने संक्रामक रोगों के साथ वास्तविक लड़ाई नहीं की है, हमारे अपने सलाहकारों की चूक और कमीशन के कृत्य एक हिमालयी भूल के समान हैं। हमारी किसी भी स्थानिक बीमारी का बोझ और मृत्यु दर कोविड-19 की तुलना में बहुत अधिक है। हमें यह महसूस करना

चाहिए था कि हमारी जनसंख्या के विशाल आकार और इसके घनत्व को देखते हुए "'एक आकार सभी के लिए उपयुक्त है"' पश्चिम के समाधान काम नहीं करेंगे।

वर्तमान में कमरे में हाथी हमारी जनसंख्या स्तर की प्रतिरक्षा का पहले से ही बहुत उच्च स्तर का था। जून 2021 में भारतीय चिकित्सा अनुसंधान परिषद द्वारा किए गए सीरोसर्वे के चौथे दौर में देश भर में 67% की सीरोपॉजिटिविटी का पता चला, जिसका मतलब है कि 93 करोड़ भारतीयों में SARS-CoV-2 के प्रति एंटीबॉडी हैं। यह अधिकतर प्राकृतिक संक्रमण के व्यापक सामुदायिक संचरण के परिणामस्वरूप हुआ है, क्योंकि इस अध्ययन के दौरान टीकाकरण कवरेज 5% से कम था।

इम्यूनोलॉजी के सुस्थापित सिद्धांतों के अनुसार प्राकृतिक संक्रमण, जो रोगसूचक या स्पर्शोन्मुख हो सकता है, किसी भी टीके से बेहतर मजबूत प्रतिरक्षा प्रदान करता है। दुनिया भर में चल रहे अध्ययनों से भी इसकी बार-बार पुष्टि की गई है। इज़राइल के एक अध्ययन से पता चला है कि प्राकृतिक संक्रमण टीकाकरण की तुलना में 13 गुना अधिक मजबूत प्रतिरक्षा प्रदान करता है।हमारे पक्ष में एक और महत्वपूर्ण बात यह थी कि हमारे देश में दूसरी लहर जो पहली लहर की तुलना में चार गुना से भी अधिक व्यापक और व्यापक थी, डेल्टा वैरिएंट के कारण।

इसके कहर को झेलते हुए हमारी आबादी ने कठिन तरीके से हर्ड इम्युनिटी हासिल की।

यदि हमने विज्ञान का अनुसरण किया होता, तो शायद हम यह सोचकर रुक जाते कि क्या इतनी बड़ी लागत और संसाधनों पर इतनी आबादी में बड़े पैमाने पर टीकाकरण करने से कोई उद्देश्य पूरा होगा। ऐसी स्थिति में एक अच्छे जनरल ने अपने भारी तोपखाने को सुरक्षित रखा होगा। हमने भी बड़े पैमाने पर अंधाधुंध टीकाकरण के बजाय उच्च जोखिम वाले समूहों में केंद्रित टीकाकरण पर विचार किया होगा। चीनी योद्धा दार्शनिक सन त्ज़ु ने अपनी युद्ध कला में कहा, "...जो लोग हथियारों के उपयोग में होने वाले नुकसानों के

बारे में पूरी तरह से जागरूक नहीं हैं, वे हथियारों के उपयोग में होने वाले फायदों के बारे में पूरी तरह से जागरूक नहीं हो सकते हैं।" टीके भारी तोपखाने हैं। अब हमारे साथ। हमें उनके नुकसान (ज्यादातर अज्ञात, विशेष रूप से दीर्घकालिक दीर्घकालिक प्रभाव) के साथ-साथ उनके फायदे भी जानना चाहिए और एक अच्छे जनरल की तरह विवेकपूर्ण तरीके से उनका उपयोग करना चाहिए जो मारक क्षमता का संरक्षण करता है।

अंत में, अब समय आ गया है कि हमारे चिकित्सा निर्णय निर्माता और शोधकर्ता पश्चिम का आँख बंद करके अनुकरण करना बंद कर दें। हमें अपने देश में प्रचलित विभिन्न प्रकार की बीमारियों द्वारा प्रदान किए गए अनुसंधान के अवसरों का पूरा लाभ उठाना चाहिए। लंदन स्कूल ऑफ ट्रॉपिकल मेडिसिन के संस्थापकों में से एक के रूप में, सर पैट्रिक मैनसन ने एक सदी से भी अधिक समय पहले कहा था, "उष्णकटिबंधीय व्यवसायी को मूल अनुसंधान और खोज के अवसरों का आनंद मिलता है, जो नवीनता और रुचि में अपने साथी जिज्ञासु की तुलना में कहीं बेहतर होता है। यूरोपीय और अमेरिकी अनुसंधान के सुव्यवस्थित क्षेत्र में।"" महान गुरु के ये शब्द हमारे शोधकर्ताओं को प्रेरित करने चाहिए। यदि विकासशील देशों के चिकित्सा शोधकर्ता उष्णकटिबंधीय चिकित्सा में नेतृत्व नहीं करते हैं, तो समृद्धि की छोटी बीमारियों को प्रमुख की तुलना में अधिक प्राथमिकता मिलेगी। गरीबी की बीमारियाँ। अवसर का लाभ उठाने में विफलता ""चिकित्सा साम्राज्यवाद"" के युग को मजबूती से स्थापित करेगी, जिससे हथियारों की होड़ के स्थान पर ""फार्मा होड़" की जगह एक नई विश्व व्यवस्था को जन्म मिलेगा। इस दौड़ में गरीब देश अपनी उपेक्षित उष्णकटिबंधीय बीमारियों के साथ शामिल होंगे। बहुत पीछे छूट जायेंगे।

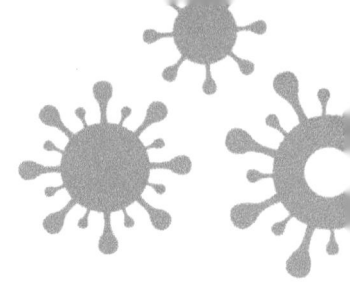

रहस्यमय "बुखार"कोविड से भी बड़ी चुनौती!

आगरा के पास 6 लाख से अधिक की आबादी वाला शहर और कांच बनाने के उद्योग के लिए जाना जाने वाला फिरोजाबाद में बच्चों में बड़ी संख्या में मामले सामने आए।

मानसून के बाद, उत्तर प्रदेश (यूपी) के 11 जिले संदिग्ध डेंगू और अन्य बुखार की चपेट में थे। इन जिलों में बुखार के अन्य संदिग्ध कारण स्क्रब टाइफस, लेप्टोस्पायरोसिस, जापानी एन्सेफलाइटिस (जेई) जो एक वायरस के कारण होता है, और अन्य वायरल एन्सेफलाइटिस थे। यहां तक कि भारत के बड़े हिस्से में स्थानिक मलेरिया या टाइफाइड भी संख्या में इजाफा कर सकता था।

बच्चों में "रहस्यमय बुखार" के इस प्रकोप के केंद्र में यूपी का फिरोजाबाद था. यह आगरा के निकट 6 लाख से अधिक की आबादी वाला शहर है जो अपने कांच निर्माण उद्योग के लिए प्रसिद्ध है। जनसंख्या घनत्व 1000 प्रति वर्ग किमी से अधिक है, जो राष्ट्रीय जनसंख्या घनत्व के दोगुने से भी अधिक है। यह शहर राष्ट्रीय राजमार्ग पर है जो इसे गुजरने वाले परिवहन वाहनों के लिए एक महत्वपूर्ण पड़ाव बनाता है। जिले में एक बड़ा ग्रामीण क्षेत्र शामिल है जहां व्यवसाय की तलाश में लोगों का ग्रामीण-शहरी आवागमन होता रहता है। ये इस उपरिकेंद्र से राज्य के अन्य हिस्सों में ज्वर संबंधी बीमारियों के फैलने के लिए एक आदर्श वातावरण बनाते हैं।

क्षेत्र में ज्वर संबंधी बीमारियों का प्रकोप गहरा गया है। वहाँ भ्रम और अराजकता थी. पूरे गाँव से लोगों के भागने की खबरें थीं क्योंकि कई लोग, जिनमें अधिकतर बच्चे और युवा थे, "रहस्यमय बुखार" से मर गए।

मीडिया रिपोर्ट्स के मुताबिक फिरोजाबाद जिले में हजारों लोग बुखार से पीड़ित होकर घर और अस्पताल में बिस्तर पर पड़े हुए हैं. छोटी सी अवधि में 71 मौतें हुईं, जिनमें दुखद रूप से 52 बच्चे शामिल थे। परीक्षण किए गए केवल 185 नमूनों में से 73 डेंगू के लिए, 28 स्क्रब टाइफस के लिए और एक जापानी एन्सेफलाइटिस के लिए सकारात्मक थे।

अठारहवीं शताब्दी में, जब उन्हें बताया गया कि उनकी फ्रांसीसी प्रजा के पास रोटी नहीं है, तो फ्रांस की रानी मैरी-एंटोनेट ने कथित तौर पर कहा, ""क्विल्स मैंजेंट डे ला ब्रियोचे""-""उन्हें केक खाने दो।"" इसके साथ ही निर्दयी टिप्पणी के अनुसार, रानी उन ख़राब परिस्थितियों से बेखबर होकर पतनशील राजशाही का घृणित प्रतीक बन गई, जिसमें उसकी कई प्रजा रहती थी, जबकि वह पतनशील जीवन जी रही थी।

हम स्वास्थ्य नीति निर्माताओं के बीच समान लोकाचार का अनुभव कर रहे हैं। यहां हम देश के सबसे बड़े राज्यों में से एक में थे, जो "रहस्यमय बुखार" की चपेट में था, जो ज्यादातर बच्चों और युवाओं को मार रहा था और हमारे सभी संसाधनों को कोविद -19 के लिए बड़े पैमाने पर टीकाकरण में तैनात किया गया था, जो शायद ही कभी बच्चों को मारता है और युवा लोग और बाल चिकित्सा तीसरी लहर के लिए तेजी से तैयारी कर रहे हैं। विडंबना यह है कि बच्चों के बीच कोविड-19 के टीके का परीक्षण अपवित्र जल्दबाजी के साथ किया जा रहा था। बच्चों को "घातक" वायरस से बचाने के लिए कथित तौर पर स्कूल बंद रहे। माता-पिता के बीच घबराहट इस हद तक बनी रही कि कई लोग स्कूल जाने से पहले अपने बच्चों के लिए टीका लगवाने के लिए दौड़ पड़े।

यूपी के स्वास्थ्य अधिकारियों ने एक बयान में इस विचार प्रक्रिया की पुष्टि की कि इस "रहस्यमय बीमारी" के बढ़ते मामलों के साथ स्थिति तेजी से कोविड जैसी होती जा रही है। कैसी नौसिखिया तुलना है! इस "रहस्यमय बुखार" से

बच्चों और युवाओं की इतनी अधिक मौतों के साथ, इस प्रकोप के एक महीने बाद "रहस्यमय बीमारी" की पहचान करने के लिए केवल 185 नमूनों का परीक्षण किया गया था, जबकि इसके लिए लाखों आरटी-पीसीआर परीक्षण किए गए थे। कोविड-19 का पता लगाने के लिए हर दिन युवा और वृद्ध बिना लक्षण वाले लोगों पर परीक्षण किया गया।

मानसून के बाद, डेंगू हमारे देश में साल दर साल एक प्रमुख सार्वजनिक स्वास्थ्य समस्या बन जाता है। यह बच्चों और युवाओं में अस्पताल में भर्ती होने और मृत्यु का एक प्रमुख कारण है। गंभीरता और शीघ्र निदान और प्रबंधन तक पहुंच के आधार पर मृत्यु दर 2% - 20% तक भिन्न हो सकती है। प्लेटलेट्स में गंभीर गिरावट और रक्तस्राव के साथ खतरनाक डेंगू रक्तस्रावी बुखार घातक हो सकता है।

डेंगू वायरस एडीज मच्छरों के काटने से फैलता है जो कृत्रिम पानी के कंटेनरों में पनपते हैं। मच्छर, जिसे टाइगर मच्छर के नाम से भी जाना जाता है, एक दिन काटने वाला है। वायरस के चार सीरोटाइप होते हैं और एक सीरोटाइप के साथ पिछला संक्रमण एक अलग सीरोटाइप के बाद के संक्रमण से रक्षा नहीं करता है, वास्तव में विभिन्न सीरोटाइप के साथ यह अनुक्रमिक संक्रमण एक व्यक्ति को खतरनाक डेंगू रक्तस्रावी सिंड्रोम के प्रति अधिक संवेदनशील बनाता है।

इस "रहस्यमय बीमारी" का दूसरा संदिग्ध स्क्रब टाइफस था, जिसके परीक्षण किए गए 185 नमूनों में से 28 मामलों की पुष्टि हुई। यह एक छोटे जीवाणु रिकेट्सिया के कारण होता है, जिसका नाम अमेरिकी रोगविज्ञानी हॉवर्ड रिकेट्स के नाम पर रखा गया था, जिनकी इसकी खोज के बाद मृत्यु हो गई थी। स्क्रब टाइफस घुन के काटने से फैलता है जो घास वाली मिट्टी में पनपते हैं। मानसून के बाद इन घास वाले "माइट द्वीपों" का विस्तार होता है। प्रकृति में घुन और कृंतकों के बीच संचरण का चक्र जारी रहता है। घास वाले इलाकों और कैंपरों में खेलने वाले बच्चे दुर्घटनावश शिकार होते हैं। स्क्रब टाइफस का इलाज टेट्रासाइक्लिन जैसे एंटीबायोटिक दवाओं से किया जाता

है। अगर जल्दी इलाज किया जाए, तो मृत्यु दर बढ़ जाती है 1.6% है उपचार न किए गए मामलों में मृत्यु दर 30-35% हो सकती है।

जापानी एन्सेफलाइटिस एक वायरल संक्रमण है जो केंद्रीय तंत्रिका तंत्र को प्रभावित कर सकता है। यह क्यूलेक्स मच्छरों द्वारा फैलता है जो चावल के खेतों में प्रजनन करते हैं। प्राकृतिक चक्र मच्छरों और सूअरों या अन्य जानवरों जैसे मवेशियों और पक्षियों और मुर्गों के बीच होता है। पशु और पक्षी मेजबान स्वयं बीमारी से पीड़ित नहीं होते हैं (घोड़ों को छोड़कर), लेकिन एम्पलीफायर होस्ट के रूप में कार्य करते हैं, यानी उनमें वायरस गुणा होता है। अधिकतर संक्रमण लक्षण पैदा नहीं करता है लेकिन बच्चों और युवा वयस्कों में घातक हो सकता है और मामले में मृत्यु दर 20% से 40% है। जीवित बचे लोगों में तंत्रिका संबंधी कमी आम है। जेई के लिए टीका उपलब्ध है लेकिन इसे कोविड-19 के समान उत्साह से प्रचारित नहीं किया गया है।

मलेरिया और टाइफाइड जैसी अन्य बीमारियाँ हमारे देश में अन्य अधूरे एजेंडे हैं। हालांकि मलेरिया का इलाज संभव है, लेकिन यह कुछ मामलों में तेजी से स्थिति खराब कर सकता है, जहां उपचार के बावजूद मृत्यु दर 20% तक पहुंच सकता है।उपचार के साथ टाइफाइड की मृत्यु दर 1% से 4% के बीच होता है, जबकि उपचार के बिना मृत्यु दर 10% से 30% तक हो सकता है। 5 वर्ष से 19 वर्ष के बीच के बच्चों और युवा वयस्कों में इसकी घटना सबसे अधिक होती है।

लेप्टोस्पायरोसिस भी बुखार के संभावित कारणों की संदिग्ध सूची में है। यह फिर से एक संक्रमण है जो जानवरों के मूत्र से दूषित अपशिष्ट जल से फैलता है जिसमें जीवाणु स्पाइरोकेट्स होते हैं। जबकि इसका इलाज पेनिसिलिन जैसे एंटीबायोटिक दवाओं से किया जा सकता है, निदान और उपचार सुविधाओं के आधार पर मृत्यु दर 5% से 30% तक भिन्न हो सकती है। मानसून के बाद जलजमाव होना आम बात है, जिसमें से होकर लोग निकल सकते हैं और त्वचा में खरोंच या कट के माध्यम से जीव प्रवेश कर सकते हैं।

वैश्विक स्तर पर सभी आयु समूहों में अनुपचारित कोविड-19 की मृत्यु दर 0.3% है और भारत में 0.1% से कम है। बच्चों और युवा वयस्कों में मृत्यु दर

0.05% से काफी कम है। संक्रमण के प्राकृतिक दौर में भी इतनी कम मृत्यु दर के साथ किसी भी चिकित्सीय या निवारक हस्तक्षेप के प्रभाव का मूल्यांकन करना काफी मुश्किल है।

सार्वजनिक स्वास्थ्य का विज्ञान और कला मांग करती है कि दुर्लभ संसाधनों को उच्च सार्वजनिक स्वास्थ्य बोझ वाली बीमारियों के लिए आवंटित किया जाना चाहिए। यह मृत्यु दर और जीवन के संभावित वर्षों के नष्ट होने से निर्धारित होता है। अबोय के तुलनात्मक आंकड़ों से यह स्पष्ट होगा कि "रहस्यमय बुखार" के सभी संभावित कारणों, जिन्होंने उत्तर प्रदेश के जिलों में तबाही मचाई है, में मृत्यु दर और जीवन के संभावित वर्षों की हानि कहीं अधिक है क्योंकि वे सभी मुख्य रूप से बच्चों और युवाओं को प्रभावित करते हैं।

ऐसी कठिन परिस्थितियों में आबादी को कोविड-19 के खिलाफ बड़े पैमाने पर टीकाकरण की पेशकश करना उन्हें केक खाने के लिए कहने के समान है जब वे रोटी नहीं खरीद सकते!

जैसा कि हार्वर्ड विश्वविद्यालय के एक प्रमुख महामारी विज्ञानी प्रोफेसर मार्टिन कुलडॉर्फ ने महामारी के दौरान कुप्रबंधन पर कहा, "हमें सार्वजनिक स्वास्थ्य के बुनियादी सिद्धांतों पर वापस जाना होगा जिन्हें एक साल पहले खिड़की से बाहर फेंक दिया गया था।यह एक बीमारी नहीं है, सार्वजनिक स्वास्थ्य का संबंध सभी बीमारियों और उससे होने वाली सभी क्षतियों से है।"

अफसोस की बात है, ""विज्ञान का अनुसरण करना"" महामारी में दिखावा था। ब्रिटिश मेडिकल जर्नल के एक संपादकीय में, "कोविड-19: राजनीतिकरण, "भ्रष्टाचार" और विज्ञान का दमन," अब्बासी ने मार्मिक ढंग से कहा, "राजनेताओं, वैज्ञानिक सलाहकारों और सरकारी नियुक्तियों के लिए दांव ऊंचे हैं। उनके करियर और बैंक बैलेंस उनके द्वारा लिए गए निर्णयों पर निर्भर हो सकता है, लेकिन जनता के प्रति उनकी जिम्मेदारी और कर्तव्य अधिक है। विज्ञान एक सार्वजनिक हित है... जब अच्छे विज्ञान को दबा दिया जाता है, तो लोग मर जाते हैं।"

अगली महामारी के लिए तैयारी: क्रिकेट से सबक लें।

तेज़ पिचें औसत गेंदबाज़ों को भी घातक बना सकती हैं। इसी तरह, एस ए आर एस– कोवी-2 पश्चिमी पिचों पर घातक था जहां अस्वास्थ्यकर जीवनशैली वाली वृद्ध और मोटापे से ग्रस्त आबादी आसान शिकार थी।

महामारियों से युद्ध स्तर पर लड़ा जाता है। युद्ध की तैयारी में बहुत कुछ लगता है। इसमें से अधिकांश पर्दे के पीछे और उत्साहहीन है। एक पुरानी कहावत, ""जितना अधिक आप शांति में पसीना बहाएंगे, युद्ध में आपका खून उतना ही कम होगा।"" इसका सार यही है। कोई इस अस्वाभाविक तैयारी के बारे में कैसे सोच सकता है?

इतिहास के सबसे महान सैन्य रणनीतिकारों में से एक, नेपोलियन को वाटरलू में ड्यूक ऑफ वेलिंगटन ने हराया था, जिससे यूरोपीय इतिहास के नेपोलियन युग का अंत हो गया। इस ऐतिहासिक जीत के लिए क्या तैयारियां की गईं?

ड्यूक के अनुसार, जो ईटन कॉलेज से स्नातक, एक उत्सुक क्रिकेटर और वाटरलू में ब्रिटिश और मित्र देशों की सेनाओं के प्रमुख कमांडर थे, ""वाटरलू की लड़ाई ईटन के खेल के मैदानों पर जीती गई थी।"" खैर, युद्ध की तैयारी आख़िरकार अशोभनीय नहीं होनी चाहिए!

ड्यूक ऑफ वेलिंगटन की तरह, दुनिया अगली महामारी के खिलाफ युद्ध की तैयारी के लिए क्रिकेट के खेल से रणनीतियां उधार ले सकती है।

असफलता हमें सफलता से ज्यादा सिखाती है। वर्तमान महामारी के दौरान की गई रणनीतिक गलतियाँ अगली आपदा की योजना बनाने के लिए सबक प्रदान कर सकती हैं।

एक नया गेंदबाज बल्लेबाजी क्रम को पीछे की ओर धकेलता है और बल्लेबाज गेंद से अपनी नजरें हटा लेते हैं। उपन्यास कोरोनोवायरस ने विश्व स्तर पर तबाही मचाई और दुनिया चुप हो गई। अव्यवस्था और अराजकता के दौर में समाज को तोड़ने और अर्थव्यवस्था को नष्ट करने वाले अभूतपूर्व कदम उठाए गए। चिकित्सीय सर्वसम्मति का नेतृत्व करने वाले कप्तानों ने गेंद से अपनी आँखें हटा लीं।अपनी जल्दबाजी और अहंकार में उन्होंने अंपायरों की कुछ कमजोर आवाजों को नजरअंदाज कर दिया, जिन्होंने चिंता जताई थी कि ऐसे कदम असंवैधानिक और मानवाधिकारों का उल्लंघन हैं।

जबकि चीन, जो किसी भी मामले में कभी क्रिकेट नहीं खेलता, ने एक ही जिले को बंद कर दिया, अन्य देशों ने अल्प सूचना पर देशव्यापी तालाबंदी कर दी, जिससे गरीबों और हाशिए पर रहने वाले लोगों को परेशानी का सामना करना पड़ा। अधिकांश अन्य देशों ने भी क्रिकेट खेलना बंद कर दिया।

इस महामारी में कप्तान विभिन्न देशों की पिचों को समझने में विफल रहे। क्रिकेट में गेंदबाज चाहे कितने ही उग्र और तेज क्यों न हों, सभी पिचों पर उनका प्रभाव एक जैसा नहीं होता। अंग्रेजी पिचों पर वे तेज़ और घातक हो सकते हैं, धीमी भारतीय पिचों पर अधिक सौम्य साबित हो सकते हैं।

वायरस को भी अलग-अलग जगहों पर अलग-अलग पिचों का सामना करना पड़ा। तेज़ पिचें औसत गेंदबाज़ों को भी घातक बना सकती हैं। इसी तरह, नोवेल कोरोना वायरस पश्चिमी पिचों पर घातक था जबकि अफ़्रीकी और एशियाई महाद्वीपों में बहुत कम। विभिन्न देशों के कप्तान देश-विशिष्ट रणनीतियों को अनुकूलित कर सकते थे। इसके बजाय वे ""एक आकार-सभी के लिए उपयुक्त"" प्रतिबंधात्मक और कठोर उपायों के लिए चले गए।

यह नया वायरस पश्चिम की वृद्ध आबादी में फैला, विशेषकर नर्सिंग होम में रहने वाले कमजोर लोगों में। मौतों का एक बड़ा हिस्सा सह-रुग्णता वाले

अस्सी वर्ष से अधिक उम्र के लोगों में हुआ। चूंकि रणनीति के कर्णधारों ने गेंद से अपनी नजरें हटा ली थीं, इस कमजोर समूह की सुरक्षा के लिए योजनाओं की कमी के कारण गंभीर बीमारी और मौतें हुईं, जिससे स्वास्थ्य सेवाएं प्रभावित हुईं और वैश्विक दहशत बढ़ गई। इन पिचों से मृत्यु दर ने वैश्विक तबाही की भविष्यवाणी करने वाले गणितीय मॉडल के लिए इनपुट प्रदान किए। इस अराजकता के बीच, नीति निर्माताओं ने लाखों जीवन और आजीविका को प्रभावित करने वाले महत्वपूर्ण निर्णय लिए।

अधिक उम्र के अलावा, पूर्व की तुलना में पश्चिम की आबादी में मोटापे की दर तीन गुना अधिक है। मोटापा। गंभीर बीमारी और मृत्यु के लिए एक जोखिम कारक है।

अफ्रीकी और एशियाई देशों की दुबली और युवा आबादी पर इस वायरस का कम प्रभाव पड़ा।यह अंतर ""वर्ल्डोमीटर" पर स्कोरबोर्ड पर एक चेहरे को घूरता है। कुछ आउटलेयर आगे की अंतर्दृष्टि देते हैं। जापान की आबादी सबसे पुरानी है। विरोधाभासी रूप से, इसकी मृत्यु दर बहुत कम है। इसका कारण पश्चिम की तुलना में बहुत कम आबादी हो सकती है - जापान में अधिक वजन वाले लोगों का अनुपात यूरोपीय और अमेरिकी आबादी की तुलना में 25% है जहां यह लगभग 60% है। दूसरा विरोधाभास ब्राज़ील है। यह तुलनात्मक रूप से युवा आबादी के साथ तेजी से बढ़ती अर्थव्यवस्था है। फिर भी यह महामारी से उच्च गंभीरता और मौतों का अनुभव कर रहा है। लगभग 60% ब्राज़ीलियाई लोग अधिक वजन वाले हैं। मोटापा उम्र से भी बड़ा जोखिम कारक बनता जा रहा है।

इन पैटर्नों को नजरअंदाज करते हुए, अधिकांश देशों के नेताओं और नीति निर्माताओं ने अप्रत्याशित पिचों पर खेलने के लिए मजबूर होने पर जल्दबाजी में निर्णय लेने वाले कप्तानों की छाप छोड़ी। जनसांख्यिकी और जनसंख्या प्रोफाइल सहित स्थानीय स्थितियों का आकलन करने के लिए विशेष रूप से एशियाई और अफ्रीकी महाद्वीपों के देशों द्वारा कोई प्रयास नहीं किया गया।

भारत जैसे एशियाई देशों में सबसे बड़ी समस्या क्षेत्ररक्षकों की कमी, खराब फील्ड प्लेसमेंट और अधिकांश स्थानिक बीमारियों के लिए स्कोरबोर्ड यानी उचित रोग निगरानी प्रणाली की कमी है। अल्प उपलब्ध संसाधन और बुनियादी ढाँचा शहरी क्षेत्रों में केंद्रित हैं। भारत में दूसरी लहर ने इन दोष रेखाओं को उजागर कर दिया। वायरस की घातकता के बजाय (भारत में कोविड-19 से संक्रमण मृत्यु दर 0.1% है जबकि वैश्विक आंकड़ा 0.3% है), इन सीमाओं के कारण बड़ी संख्या में रोकी जा सकने वाली मौतें हुईं।

हम भविष्य की महामारियों के लिए कैसे तैयारी करें? वर्तमान महामारी इंगित करती है कि मोटापा जैसे जीवनशैली कारक तीव्र संचारी रोगों की गंभीरता और मौतों को कम करने के लिए उतने ही महत्वपूर्ण हैं जितने कि पुरानी बीमारियों के लिए। यह महामारी न केवल पश्चिमी देशों के लिए बल्कि एशिया और अफ्रीका में तेजी से बढ़ती अर्थव्यवस्थाओं के लिए भी एक चेतावनी है, जहां अस्वास्थ्यकर जीवन शैली तेजी से बढ़ रही है।ये कारक पिच को नुकसान पहुंचाते हैं और भविष्य में उभरते रोगजनकों और महामारियों के मामले में फिर से तबाही मचा सकते हैं।

जैसा कि स्पष्ट हो रहा है, टीकों के विकास में समय लगता है और पूर्ण सुरक्षा प्रदान नहीं की जा सकती। हेलमेट और बॉडी गार्ड के साथ भी खिलाड़ी अभ्यास की कमी और क्षतिग्रस्त पिचों के कारण घायल हो सकते हैं।

भारत जैसे देशों को अपनी फील्ड प्लेसमेंट में सुधार करना होगा। दीर्घकालिक योजना को सार्वजनिक स्वास्थ्य बुनियादी ढांचे में ग्रामीण शहरी असमानताओं को संबोधित करना चाहिए। राज्य को सार्वजनिक स्वास्थ्य में और अधिक निवेश करने की आवश्यकता है। इसके लिए एक अच्छे स्कोरबोर्ड यानी रोग निगरानी और निगरानी प्रणाली की भी जरूरत है। निगरानी और निगरानी के कोविड-19 टेम्पलेट को डेंगू, स्क्रब टाइफस, टाइफाइड, जापानी एन्सेफलाइटिस, मलेरिया और अन्य जैसे हमारे संक्रामक संचारी रोगों तक बढ़ाया जा सकता है। निजी बीमा और स्वास्थ्य देखभाल का कॉर्पोरेट मॉडल, जैसा कि तेजी से अपनाया जा रहा है, इसमें अपने निहित स्वार्थ वाले हितधारकों की बढ़ती संख्या शामिल है। उच्च दांव और मैच फिक्सिंग की घटनाओं के

कारण क्रिकेट जैसा महान खेल कई बार लुप्त हो गया। हमें इस महान पेशे को हितों के बढ़ते टकराव और इसी तरह के हश्र से बचाने की जरूरत है।

और निःसंदेह, अमेरिकियों को बेसबॉल के अलावा थोड़ा क्रिकेट भी खेलने की ज़रूरत है। बेसबॉल में ऐसी कोई पिच नहीं है जो शायद इस महामारी में अमेरिकी विचारकों के सीमित दृष्टिकोण को समझा सके जिसने दुनिया के लिए संकटमोचन का काम किया।

सार्वजनिक स्वास्थ्य: डॉक्टर फार्मा और तकनीकी कंपनियों से हार रहे हैं।

व्यावसायिक और राजनीतिक हित चिकित्सा पर हावी हो गए हैं और डॉक्टरों की स्वायत्तता काफी हद तक नष्ट हो गई है

16वीं शताब्दी में जन्मे जापानी तलवारबाज, दार्शनिक और रणनीतिकार मियामोतो मुसाशी ने दो तलवारों की तकनीक को परिष्कृत किया, इसे "दो स्वर्ग एक" या "एक स्कूल दो तलवारें," निटो इची रयू नाम दिया। इस महान समुराई द्वारा स्थापित स्कूल। वह लंबी और छोटी तलवारों के उपयोग के सही विकल्प पर जोर देते हैं। छोटी या साथी तलवार का सबसे अच्छा उपयोग एक सीमित स्थान पर या जब हाथ से हाथ की लड़ाई में किया जाता है तो इसका उपयोग विवेकपूर्ण तरीके से किया जा सकता है सभी स्थितियों में।

बीमारी के खिलाफ लड़ाई में इस सादृश्य का उपयोग करते हुए, चिकित्सक के लिए छोटी या साथी तलवार स्टेथोस्कोप और डॉक्टर के नैदानिक कौशल का प्रतीक है। लंबी तलवार की तुलना महंगी और अत्याधुनिक जांच और चिकित्सा प्रौद्योगिकी के अनुप्रयोग से की जा सकती है। निस्संदेह, अच्छे इरादों के साथ, छोटी तलवार की कीमत पर इस लंबी तलवार का उपयोग बढ़ रहा है, जिससे रोगी अलग-थलग पड़ रहा है और चिकित्सा देखभाल की लागत बढ़ रही है।

मेडिकल स्कूलों से निकले युवा डॉक्टर प्रौद्योगिकी या लंबी चमकदार तलवार से आकर्षित होते हैं। ठीक ही तो, आधुनिक चिकित्सा के चमत्कार अक्सर चमत्कारी होते हैं। हालाँकि, अधिकांश मानवीय बीमारियों के लिए, चिकित्सा की कला से संचालित छोटी तलवार, डॉक्टर-मरीज के रिश्ते को बेहतर बनाने के बेहतर परिणाम प्रदान करती है। यह लागत प्रभावी भी है।

वास्तविकता ने मुझे वर्षों पहले प्रभावित किया था जब लंबी तलवार भी बहुत लंबी नहीं थी। सेना में एक युवा डॉक्टर के रूप में, जो पूर्वोत्तर भारत के एक दूरदराज के फील्ड स्टेशन में तैनात था, मैं विशेषज्ञ डॉक्टरों से "दिलचस्प मामलों" से सीखने के लिए पास के सैन्य अस्पताल जाने से पहले सुबह अपने मरीजों, ज्यादातर युवा सैनिकों को देखता था।एक बार शाम को सिविल कपड़ों में इत्मीनान से टहलते समय मैंने अपने कार्यालय के सामने एक कतार देखी। मैंने कतार में खड़े आखिरी आदमी से इसका कारण पूछा। मुझे बताया गया कि "डॉक्टर साहब" मरीज़ देख रहे हैं। मुझे आश्चर्य हुआ। मैंने उनसे कहा कि डॉक्टर सुबह आते हैं, शाम को नहीं. मुझे दबी जुबान में बताया गया कि जो डॉक्टर सुबह आता है वह अच्छा नहीं है जबकि जो शाम को आता है वह बहुत अच्छा है।

अब तक बहुत उत्सुक होकर, मैं दबे पाँव खिड़की की ओर गया और अंदर देखा। यह एक विनम्र अनुभव था. मेरा चिकित्सा सहायक मरीजों की देखभाल कर रहा था और उनसे उनकी मातृभाषा में बात कर रहा था। वह उन्हें मेरे अस्पष्ट नोट्स समझा रहा था। परिवार और दोस्तों से दूर सुदूर इलाके में, चिकित्सा सहायक मित्र, दार्शनिक और मार्गदर्शक था। मेरा तकनीकी ज्ञान या "लंबी तलवार" उसकी "स्लैट तलवार" से कोई मुकाबला नहीं कर सकती थी। जब मैं सुबह लंबी तलवार का उपयोग कर रहा था तो वह शाम को छोटी तलवार का उपयोग कर रहा था। मुझे एहसास हुआ कि एक निपुण चिकित्सक बनने के लिए, मुझे "लंबी तलवार" की क्षमताओं पर महारत हासिल करने की उत्सुकता में छोटी तलवार का उपयोग नहीं छोड़ना चाहिए।

वर्तमान परिवेश में "उत्तम डॉक्टर" दुर्लभ है। यह डॉक्टर निदान करने में उतना ही कुशल है जितना कि प्रत्येक मरीज़ और परिवार की ज़रूरतों के

अनुसार उपचार को अनुकूलित करने में। यह समझना कि मानवीय संबंध संबंध स्थापित करने के लिए महत्वपूर्ण है और अनुपालन और इलाज में योगदान देता है।

इतिहास पढ़ना एक कला थी जो संचार कौशल को परिष्कृत करती थी। इसने रोगी की व्यक्तिगत जांच के साथ मिलकर डॉक्टर-रोगी संबंध को मजबूत किया। चिकित्सा पद्धति रोगी-केन्द्रित थी।

तकनीकी प्रगति के साथ, लंबी तलवार की लंबाई लगातार बढ़ रही है, जिससे यह बोझिल हो गई है। हालाँकि ये प्रगति वास्तविक समय में निदान को संभव बनाती है, लेकिन आधुनिक चिकित्सक, वस्तुतः, रोगी के साथ संपर्क खो रहा है, जिसका डॉक्टर-रोगी रिश्ते पर प्रतिकूल प्रभाव पड़ रहा है।

पिछले युग की तलवारबाजी की तरह, चिकित्सा की शुरुआत भी एक कला के रूप में हुई थी। दोनों ही मुलाकातें करीबी और आत्मीय रहीं. युद्ध और चिकित्सा दोनों में छोटी तलवार का बोलबाला था।

"युद्ध की कला" ने "युद्ध के विज्ञान" का मार्ग प्रशस्त किया जो परमाणु, रासायनिक और जैविक युद्ध तक बढ़ गया। युद्ध कुंद और कलाहीन हो गया, साथ ही अधिक संपार्श्विक क्षति भी हुई। सभी आधुनिक युद्धों में, नागरिक हताहतों की संख्या बहुत अधिक होती है। हिरोशिमा और नागासाकी का परमाणु विनाश जिसने द्वितीय विश्व युद्ध को समाप्त कर दिया, उस तबाही की संभावना का प्रमाण है जब लंबी तलवार अनियंत्रित होकर परमाणु गुणों को ग्रहण कर लेती है। मानवता को विलुप्त होने से बचाने के लिए छोटी तलवार के कलात्मक उपयोग द्वारा संयम की आवश्यकता है। कहना आसान है करना मुश्किल। हथियारों की होड़ ने छोटी और लंबी दोनों तलवारों को डैमोकल्स की एक ही तलवार में ढाल दिया है, जो हमारे ऊपर लटक रही है और पृथ्वी पर जीवन के विलुप्त होने का खतरा पैदा कर रही है। शक्तिशाली और अदृश्य शक्तियों ने साधारण सैनिक की स्वायत्तता पर भारी अंकुश लगा दिया है। उसके पास अब तलवारें चुनने का विकल्प नहीं है। व्यावसायिक हितों,

राजनीतिक प्रभाव और हथियारों के व्यापार ने युद्ध की कला को नष्ट कर दिया है।

पहचान का ऐसा ही संकट आज चिकित्सा के सामने है। सिद्धार्थ मुखर्जी ने अपनी पुस्तक, "द लॉज़ ऑफ मेडिसिन - फील्ड नोट्स फ्रॉम एन अनसर्टेन साइंस" में कहा है कि यह सबसे पुरानी कलाओं में से एक है, लेकिन सबसे नया विज्ञान है, जो कठिन विज्ञानों की तुलना में नरम, संभावनाओं और संभावनाओं से समृद्ध है। अफसोस की बात है कि इसका भी तेजी से व्यावसायीकरण होता जा रहा है। जैसे युद्ध में, वैसे ही चिकित्सा में, व्यावसायिक हित, राजनीतिक प्रभाव और दवा कंपनियां तेजी से डॉक्टरों की स्वायत्तता को सीमित कर रही हैं। बीमारियों और महामारियों को विंस्टन चर्चिल की उक्ति, "कभी भी अच्छे संकट को बर्बाद न होने दें" का पालन करने के अवसर के रूप में देखा जाता है।

दुनिया आज दोहरी चुनौती का सामना कर रही है। हथियारों की होड़ और फार्मा की होड़। दोनों को स्पीड-ब्रेकर और ट्रैफिक सिग्नल की जरूरत है।मानवता को हिरोशिमा और नागासाकी में परमाणु नरसंहार जैसी आपदा के बाद पहले से ही आत्मनिरीक्षण करना चाहिए, जिसके कारण अल्बर्ट आइंस्टीन को परमाणु अनुसंधान पर अपने सुझावों पर पछतावा हुआ, इन शब्दों के साथ, "हाय मैं हूँ।"

प्रौद्योगिकी जिस तीव्र गति से आगे बढ़ रही है, उसके कारण विश्व एक दुविधा का सामना कर रहा है। यह उस युग की तरह "डॉक्टरों की दुविधा" नहीं है जब चिकित्सा अभी भी एक कला थी। डॉक्टरों की स्वायत्तता और निर्णय लेने की क्षमता बहुत पहले ही कम हो गई है। चिकित्सा का पहले से ही जटिल क्षेत्र समझ से बाहर होने की हद तक और अधिक जटिल हो गया है। का स्तर शोर जटिल निर्णयों को यदि असंभव नहीं तो कठिन बना सकता है। यह "लोगों की दुविधा" बन गया है।

टीकों के लिए वर्तमान एमआरएनए तकनीक उल्लेखनीय है और इसमें बीमारी और महामारी के खिलाफ हमारी लड़ाई में गेम चेंजर बनने की क्षमता

है। लेकिन सभी शक्तिशाली प्रौद्योगिकियों की तरह, इसका उपयोग सावधानी से किया जाना चाहिए। इस तकनीक द्वारा निर्मित टीकों के बारे में कुछ रिपोर्टें हैं जो विशेष रूप से युवा लोगों में मायोकार्डिटिस (हृदय की मांसपेशियों की सूजन) का कारण बन रही हैं। इस तकनीक के आविष्कारकों में से एक ने इस तकनीक के बड़े पैमाने पर उपयोग में सावधानी बरतने की बात कही है।

अफसोस की बात है कि वैज्ञानिक समुदाय इस मुद्दे पर ऐसे समय में ध्रुवीकृत हो गया है जब सभी विरोधी विचारों की सावधानीपूर्वक जांच और बहस की जानी चाहिए। नई तकनीक के मादक उत्साह में वैज्ञानिक और राजनीतिक सहमति सभी स्पीड-ब्रेकरों और ट्रैफिक सिग्नलों को नजरअंदाज करते हुए ख़तरनाक गति से आगे बढ़ रही है, जैसे कोई लापरवाह किशोर अपनी पहली कार चला रहा हो। बस यही प्रार्थना की जा सकती है कि सड़क पर कोई दुर्घटना न हो।

कोविड-19 महामारी पर वैश्विक प्रतिक्रिया नौसिखिया रही है;जटिल मुद्दों के लिए कई सोचने वाली टोपियों की आवश्यकता है।

घबराहट, डर और अतार्किक व्यवहार ने लालच को महामारी का फायदा उठाने की अनुमति दे दी। हमने जिस तरह से कोविड से निपटा, उससे हमें सीखने के लिए कुछ सबक हैं।

वर्तमान महामारी के प्रति वैश्विक प्रतिक्रिया शुरू से ही नौसिखिया रही है। लॉकडाउन, स्कूल बंद होना और शारीरिक दूरी संयुक्त राज्य अमेरिका में एक 14 वर्षीय स्कूली छात्र, जो एक कंप्यूटर वैज्ञानिक की बेटी है, के स्कूल कंप्यूटर प्रोजेक्ट पर आधारित थी। इसमें इस बात की अनदेखी की गई कि मनुष्य निष्क्रिय कंप्यूटर इकाई नहीं बल्कि सामाजिक प्राणी हैं। इसी तरह, मास्क की प्रभावकारिता का अध्ययन सबसे पहले प्रयोगशाला की स्थितियों के तहत हैम्स्टर पर किया गया था, यह ध्यान में रखते हुए कि मनुष्य प्रयोगशाला के अंदर या बाहर हैम्स्टर की तरह व्यवहार नहीं करते हैं! बाद में यादृच्छिक परीक्षण। डेनमार्क और बांग्लादेश में मास्क की प्रभावकारिता पर, शुक्र है कि इस बार मनुष्यों में, बहुत ही मामूली प्रभाव के लिए लापरवाही सामने आई।

कोविड-19 उतना सरल नहीं है जितना दिखता है, या, सहज रूप से, एक साधारण समस्या को जटिल में बदल दिया गया था।

एडवर्ड डी बोनो, एक माल्टीज़ चिकित्सक और एक बहुमुखी व्यक्तित्व, ने प्रस्तावित किया कि जटिल मुद्दों का समाधान खोजने के लिए, सिक्स थिंकिंग हैट्स की तकनीक सूचना, आशावाद, निराशावाद, भावनाओं के पूर्वाग्रहों से मुक्त एक खाका विकसित करने में बहुत योगदान दे सकती है। समय रचनात्मक समाधानों के लिए रास्ता बनाने और बड़ी तस्वीर देखने का है।

एक ""सोचने वाली टोपी"" आपके विचार के प्यार में पड़े बिना सोचने का प्रतीक है, क्योंकि टोपियों को बदला जा सकता है। बोनो ने मानवीय विचारों और भावनाओं की सीमा को समाहित करते हुए प्रत्येक टोपी को एक रंग देने का प्रस्ताव रखा। रंग हैं; सफेद, लाल, पीला, काला, हरा और नीला।

"व्हाइट हैट" उन कठिन तथ्यों और आंकड़ों को दर्शाता है जिनके आधार पर ठोस निर्णय लिए जाते हैं। ""रेड हैट"" भय, आशा, विश्वास, दृष्टिकोण और विश्वास जैसी भावनाओं को जानने के नरम कौशल की मांग करता है जो यथार्थवादी हो सकता है, और अक्सर अवास्तविक; धूप की तरह "पीली टोपी" आशावाद को दर्शाती है जो तथ्यों पर आधारित हो सकती है और कभी-कभी "ब्लैक हैट" शैतान के वकील की भूमिका निभाती है और किसी भी नीति के नकारात्मक पक्ष पर विचार करती है; नई वृद्धि का प्रतीक ग्रीन हैट नवोन्मेषी समाधानों पर आधारित है और अंततः "द ब्लू हैट" बड़ी तस्वीर को देखता है और सुनिश्चित करता है कि सभी टोपियों का उपयोग किया जाए।

कोविड महामारी में, एक ही रंग की टोपी पहनने वाले काउबॉय ने मुद्दों को हाईजैक कर लिया और अन्य टोपी पहनने वाले लोगों को गोली मार दी। अधिकांश देशों में भोली-भाली जनता, बहुसंख्यक, जो स्पष्ट रूप से सोचने में

स्तब्ध है, ने अपने सिर पर जो भी टोपी थोपी, उसे स्वीकार कर लिया। इनमें से अधिकांश भय, घबराहट और चिंता की भावनाएँ थीं। समर्पण के आगे झुककर वे लालच की लाल टोपी पहने शोषकों के लिए शिकार की जगह बन गए, चाहे वे राजनेता हों, बाजार की ताकतें हों या कैरियर वैज्ञानिक हों।

आइए हम सभी छह टोपियों का उपयोग करके महामारी से निपटें। सबसे पहले सफ़ेद टोपी, कठिन डेटा। नवीनतम एकत्रित डेटा इस बात की पुष्टि करता है कि घातकता के शुरुआती अनुमान अत्यधिक बढ़ा-चढ़ाकर बताए गए थे, क्योंकि पश्चिम में मरने वाले अधिकांश लोग सह-रुग्णताओं के साथ लगभग 80 वर्ष के थे। रिपोर्ट की गई कोविड-19 मौतों में से केवल 6% मौतें केवल वायरस के कारण हुईं। बाद के शोध में वायरस की घातकता को बहुत कम बताया गया है। तालिका स्टैनफोर्ड विश्वविद्यालय के शोधकर्ताओं द्वारा उम्र के अनुसार जीवित रहने की दर को दर्शाती है।

कोविड के बाद आयु के अनुसार जीवित रहने की दर

स्रोत https://opentheword.org/2021/08/30/survival-rates- after-contracting-covidi

आयु वर्षों में	जीवित रहने की दर
0-19	**99.9973%**
20-29	**99.986%**
30-39	**99.969%**
40-49	**99.918%**
50-59	**99.73%**
60-69	**99.41%**
70+	**97.6%**
70 + (घर में देखभाल)	**94.5%**

इस श्वेत पत्र...एर...श्वेत टोपी से यह स्पष्ट है कि बच्चों और युवाओं के लिए कोविड-19 से मरने का जोखिम नगण्य है। यह नीति के लिए बहुत महत्वपूर्ण है क्योंकि टॉक्सिकोलॉजी रिपोर्ट्स में एक हालिया पेपर जिसका शीर्षक है, ""हम बच्चों को कोविड-19 के खिलाफ टीका क्यों लगा रहे हैं,"" यह निष्कर्ष निकालता है कि बच्चों में कोविड-19 से मौतें नगण्य हैं,लेकिन टीकाकरण के बाद बच्चों की मृत्यु नगण्य है। पेपर में वैक्सीन के स्पाइक प्रोटीन के बारे में विशेष चिंताएं उठाई गई हैं, जो विभिन्न अंगों में पाए गए हैं, और अनिश्चित दीर्घकालिक प्रभाव - "ब्लैक हैट" सोच। ये चिंताएं इंग्लैंड के डेटा के रूप में गंभीर हैं और वेल्स में 01 मई 2021 से 17 सितंबर तक 15-19 वर्ष के पुरुषों में अपेक्षित स्तर से 16% से 47% अधिक मौतें हुई हैं, जो इस आयु वर्ग में वैक्सीन के रोल आउट के साथ मेल खाता है (https://www.hartgroup.org/recent-deaths-in-young-people-in england-and-wales/) . काली टोपी और काली होती जा रही है।

आइए हम लाल टोपी, भावनाओं की ओर बढ़ें। लोगों में लाल टोपी के कारण भय और दहशत की भावनाएँ पैदा हुईं, उन्हें चिंता होने लगी कि उनके बच्चे इस वायरस की चपेट में आ जाएँगे। शोषकों पर लाल टोपी ने बच्चों के

सामूहिक टीकाकरण पर जोर देने वाले लालच को बढ़ावा दिया। इन दोनों लाल टोपी, घबराहट और लालच को सफेद और काली टोपी से जांचा जाना चाहिए।

पीली टोपी के बारे में क्या? पीली टोपी वाली सोच धारणाओं से प्रभावित होती है। जो लोग जोखिमों और लाभों का आकलन करने के लिए बड़े पैमाने पर व्हाइट हैट यानी डेटा का उपयोग करते हैं, उनके लिए कम मृत्यु दर आशावाद का कारण है। जो लोग डेटा को देखे बिना प्रचार के आगे झुक जाते हैं, उनके लिए वैक्सीन पर अंध विश्वास आशावाद लाता है। अफसोस की बात है कि यह बहुमत निहित स्वार्थों के लिए एक खुशहाल शिकारगाह बना रहा है। ""विशेषज्ञ"" कथा ने मानव जाति के रक्षक के रूप में टीकों में इस विश्वास को बढ़ावा दिया। वैक्सीन के इंतजार में लंबे समय तक लॉकडाउन और उससे जुड़े दुखों को उचित ठहराया गया। लोगों के दिमाग में वायरस की घातकता के बढ़े हुए अनुमानों को सही नहीं किया गया, जिससे भारत में दूसरी लहर के दौरान एक प्रकार की "चिकित्सा भगदड़" मच गई, जिससे अधिकांश लोग जिनके आरटी-पीसीआर सकारात्मक परिणाम थे, लेकिन हल्के या कोई लक्षण नहीं थे, वे भाग गए। अस्पताल व्यवस्था पर दबाव डाल रहे हैं और गंभीर मामलों को बहुत आवश्यक बिस्तरों और ऑक्सीजन से वंचित कर रहे हैं। यदि शुरुआत से ही सफेद टोपी का विवेकपूर्ण तरीके से उपयोग किया जाता तो इस "भगदड़" से कई लोगों की जान बचाई जा सकती थी।

कई देशों में वैक्सीन आने के बाद, हमारे पास "व्हाइट हैट थिंकिंग" के लिए अधिक डेटा है, जिसे नीति का मार्गदर्शन करना चाहिए। यूरोपियन जर्नल ऑफ एपिडेमियोलॉजी में एक पेपर गंभीर है। 30 सितंबर 2021 को ऑनलाइन प्रकाशित अध्ययन, जिसका शीर्षक था, ""कोविड-19 में वृद्धि का 68 देशों और संयुक्त राज्य अमेरिका में 2947 काउंटियों में टीकाकरण के स्तर से कोई संबंध नहीं है,"" यह निष्कर्ष निकालता है कि टीकों को अत्यधिक कलंकित किए बिना विनम्रता और सम्मान के साथ पेश किया जाना चाहिए। लाल टोपी का उपयोग), क्योंकि बड़े पैमाने पर टीकाकरण से संचरण की जाँच नहीं होती है। वहाँ थोड़ी काली टोपी है।

खैर, अन्य अध्ययन हमें पीली टोपी पहनने का कारण देते हैं, खासकर हमारे देश में। दूसरों के बीच इज़राइल से अध्ययन। यह स्थापित किया गया है कि प्राकृतिक संक्रमण से उबरने से टीकों की तुलना में 13 गुना अधिक मजबूत प्रतिरक्षा मिलती है। ठोस सफ़ेद टोपी डेटा. जून 2021 में आईसीएमआर द्वारा किए गए सीरोसर्वे से पता चला था कि लगभग 70% भारतीय और काफी संख्या में बच्चे संक्रमण से उबर चुके हैं और उन्होंने प्राकृतिक प्रतिरक्षा हासिल कर ली है। किसी भी मानक के अनुसार, यह जनसंख्या की सामूहिक प्रतिरक्षा के बराबर है। इसलिए बड़े पैमाने पर टीकाकरण शुरू किए बिना भी, खतरनाक तीसरी लहर की कोई संभावना नहीं थी।

क्रिएटिव ग्रीन हैट ड्राइविंग इनोवेशन ने इस महामारी में क्या भूमिका निभाई, यह प्रशंसनीय है। इसने टीका विकास में नई तकनीक लायी जिससे अन्य बीमारियों के लिए टीका विकास का मार्ग प्रशस्त हुआ। हालाँकि, एक मजबूत शक्ति की तरह, इसे शेष पाँच टोपियों के साथ संयमित किया जाना चाहिए। सिर्फ इसलिए कि एक तकनीक विकसित हो गई है, उसका अंधाधुंध इस्तेमाल नहीं किया जाना चाहिए। जैसा कि डेटा (व्हाइट हैट) से उभरते संकेतों से पता चलता है, यह नुकसान पहुंचा सकता है।

और अंत में हरी टोपी, बड़ी तस्वीर देखकर। हरी टोपी को सभी टोपियों को समान रूप से संतुलित करना चाहिए और स्थिति और क्षेत्र के अनुसार टोपियाँ बदलनी चाहिए। कोई भी टोपी हमारे सिर पर अनिश्चित काल तक अटकी नहीं रहनी चाहिए. वर्तमान में हरी टोपी की भूमिका बहुत सारी सफेद टोपी (डेटा) और पीली टोपी (डेटा पर आधारित आशावाद) वितरित करना है,और कुछ ब्लैक हैट भी (व्हाइटहेड संचालित डेटा के आधार पर टीकों की प्रभावकारिता/नुकसान के संबंध में)।और निश्चित रूप से, प्रमुख भूमिका उस आबादी के बीच लाल टोपी को हटाना है जो अभी भी दहशत में है और शोषकों के बीच ""लालच"" की लाल टोपी को हटाना है जिसमें राजनेता, कैरियर वैज्ञानिक और बाजार ताकतें शामिल हैं।

मास्क की प्रभावकारिता पर परस्पर विरोधी दावे

सीडीसी का कहना है कि कोरोनोवायरस के प्रसार को रोकने में मास्क 80% प्रभावी रहे हैं। अन्य चिकित्सा अनुसंधान 11% की अधिक मामूली प्रभावकारिता दिखाते हैं या बिल्कुल भी कोई प्रभावकारिता नहीं दिखाते हैं।

सामाजिक अंतःक्रियाओं में सच्चाई से सूक्ष्म विचलन या "सामाजिक-समर्थक झूठ" कभी-कभी एक कांटेदार स्थिति से निपट सकते हैं। इसे विज्ञान तक विस्तारित करने से इसकी समाप्ति हो सकती है। और यदि प्रतिष्ठित वैज्ञानिक संस्थानों द्वारा इसका अभ्यास किया जाता है तो इससे उनकी विश्वसनीयता को अपूरणीय क्षति हो सकती है। और प्रतिष्ठा।

महामारी के दौरान सेंटर फॉर डिजीज कंट्रोल (सीडीसी), अटलांटा, यूएसए, यूनाइटेड स्टेट्स फूड एंड ड्रग एडमिनिस्ट्रेशन (एफडीए) और अन्य जैसे प्रतिष्ठित संस्थानों की ओर से साक्ष्य आधारित अभ्यास से ऐसे विचलन अक्सर हो गए। प्रतिष्ठित संस्थानों से गलत सूचना, जिसे वैज्ञानिकों, शोधकर्ताओं और आम जनता द्वारा अंतिम प्राधिकारी के रूप में स्वीकार किया गया है, वर्तमान और भविष्य की महामारियों पर विनाशकारी प्रतिकूल प्रभाव डाल सकती है। इससे विज्ञान और वैज्ञानिक संस्थानों में आम जनता के बीच विश्वास में अपूरणीय कमी आ सकती है, और अभ्यास करने वाले शोधकर्ताओं के बीच थोड़ी शर्मिंदगी नहीं तो निराशा और मोहभंग भी हो सकता है। इन भ्रामक

संकेतों में अनुसंधान प्राथमिकताओं को गलत रास्ते पर धकेलने की भी क्षमता है।

अंग्रेजी कला और साहित्य में, शेक्सपियर या बार्ड, जैसा कि उन्हें जाना जाता था, के बारे में कहा जाता है कि उन्होंने जनता की भावनाओं को आकर्षित करने के लिए मेलोड्रामा का उपयोग करते हुए छल, लालच और करुणा सहित मानवीय अनुभव के पूरे आयाम पर कब्जा कर लिया है। जूलियस सीज़र में, उनकी प्रसिद्ध त्रासदियों में से एक, सीज़र के अंतिम शब्द थे, "एट तू, ब्रूटस, दैन फ़ॉल सीज़र" जिसका अनुवाद है ""तुम भी, ब्रूटस, दैन फ़ॉल सीज़र" क्योंकि सीज़र के हत्यारों में उसका सबसे अच्छा और भरोसेमंद दोस्त ब्रुटस भी शामिल था।

भारतीय मुख्यधारा की कला और संस्कृति भी सामूहिक मनोरंजन के वर्तमान माध्यम, फिल्मों के माध्यम से इस विशाल कैनवास को पकड़ती है।शास्त्रीय हिंदी फिल्म का एक गीत चिकित्सा विज्ञान में वर्तमान स्थिति को दर्शाता है।इस गीत में इस स्थिति के कई रूपक हैं। उदाहरण के लिए, एक छंद है, "मझधार माई नैय्या डोले, तो माझी पार लगाये, माझी जो नाव डूबोए उसे कौन बचाई..." जिसका अनुवाद है ""मध्यधारा में, जब नाव डगमगा रही हो। नाविक उसे डूबने से बचाता है, लेकिन जब नाविक ही नाव को डुबाता है तो उसे कौन बचाएगा।"

महामारी ने हमारे सार्वजनिक स्वास्थ्य और नियामक प्रणालियों में दरारें उजागर कर दीं। सार्वजनिक स्वास्थ्य की रक्षा करने और महामारी को नियंत्रित करने के लिए हस्तक्षेपों की सुरक्षा सुनिश्चित करने के लिए सौंपे गए लोगों की ओर से संयुक्त राज्य अमेरिका वैश्विक रुझानों की गलत सूचना और दुष्कर्मों का अग्रदूत है, जो बड़ी चिंता का कारण है और मानवता के लिए खतरा है।

महामारी के दौरान, सीडीसी निदेशक ने ट्वीट किया कि मास्क उपन्यास कोरोनवायरस के संचरण को 80% तक कम कर देता है। सीडीसी निदेशक की ओर से आए सबूतों की अनदेखी करने वाले इस बयान ने इस प्रतिष्ठित संस्था की विश्वसनीयता को भारी नुकसान पहुंचाया है। सीडीसी अटलांटा

सार्वजनिक स्वास्थ्य प्रोटोकॉल में अंतिम शब्द हुआ करता था और इस बेहद गलत बयान में सीडीसी में सार्वजनिक स्वास्थ्य पेशेवरों के विश्वास को कम करने की क्षमता थी। कम लोगों द्वारा सच्चाई से बहुत कम विचलन को मुख्यधारा की सर्वसम्मति द्वारा "फर्जी समाचार" के रूप में लेबल किया जाता है और सेंसर किया जाता है।

मास्क द्वारा सुरक्षा का वैज्ञानिक प्रमाण यह है कि कपड़े के मास्क वायरस के संचरण को नहीं रोकते हैं और सर्जिकल मास्क 11% की मामूली सुरक्षा प्रदान करते हैं। एक डेनिश रैंडमाइज्ड नियंत्रित मास्क अध्ययन में सर्जिकल मास्क के उपयोग का कोई लाभ नहीं मिला, जबकि बांग्लादेश के एक बहुत बड़े क्लस्टर रैंडमाइज्ड मास्क अध्ययन में पाया गया कि कपड़े के मास्क से कोई सुरक्षा नहीं मिलती, जबकि सर्जिकल मास्क से संचरण में केवल 11% की कमी आई।

ऐसी गलत सूचना खतरनाक हो सकती है। मास्क द्वारा 80% प्रभावकारिता का भ्रामक बयान कई लोगों को सुरक्षा की झूठी भावना से भर सकता है।दी गई सुरक्षा को अधिक महत्व देते हुए, अधिकांश अन्य सुरक्षित व्यवहार जैसे तीन "सी" की उपेक्षा कर सकते हैं, यानी बंद जगहों, भीड़ और करीबी संपर्कों से बचें। यह विशेष रूप से वृद्ध और कमजोर लोगों के लिए खतरनाक हो सकता है।

सही तरीके से इस्तेमाल न किया गया मास्क बेहद खतरनाक हो सकता है। गर्म आर्द्र मौसम में पसीना और लार कुछ घंटों के भीतर मास्क को गीला कर सकते हैं, जो उपन्यास कोरोनवायरस की तुलना में अन्य रोगजनकों और कवक के विकास के लिए आदर्श मिट्टी प्रदान करते हैं। एक परिकल्पना प्रस्तावित की जा सकती है कि भारत की गर्म और उमस भरी गर्मी में दूसरी लहर के दौरान म्यूकोर्मिकोसिस या काली कवक की उच्च घटना स्टेरॉयड के उपयोग और अंतर्निहित मधुमेह के अलावा अनुचित तरीके से इस्तेमाल किए गए गंदे मास्क के कारण हो सकती है। यह शोध का विषय है जिस पर कभी शोध नहीं किया गया। यह इस विश्वास के कारण हो सकता है कि मुखौटे पवित्र और पवित्र हैं, जिस तरह सीडीसी के निदेशक जैसे उच्च पदों पर बैठे लोगों

द्वारा बिना किसी सबूत के, बल्कि सभी सबूतों के खिलाफ इसकी वकालत की गई थी।

सीडीसी की एक और अनाड़ी और नौसिखिया कार्रवाई यह प्रचार करना था कि अत्यधिक त्रुटिपूर्ण अध्ययन के आधार पर प्राकृतिक संक्रमण से उबरने के बाद टीके से प्रेरित प्रतिरक्षा प्रतिरक्षा से बेहतर थी। यह अध्ययन विभिन्न अस्पतालों में केवल 89 गैर-प्रतिनिधि रोगियों के नमूने पर किया गया एक अवलोकन था और गंभीर शोधकर्ताओं द्वारा इसकी कड़ी आलोचना की गई है। दूसरी ओर, इज़राइल और क्लीवलैंड क्लिनिक, संयुक्त राज्य अमेरिका में बहुत बड़े नमूना आकारों पर वास्तविक दुनिया के अध्ययनों ने उचित संदेह से परे स्थापित किया है कि प्राकृतिक संक्रमण के बाद प्रतिरक्षा टीका से प्रेरित प्रतिरक्षा की तुलना में कम से कम 13 गुना अधिक मजबूत प्रतिरक्षा प्रदान करती है। सीडीसी को बाद में अपने शब्दों का पालन करना पड़ा, जब घटनाओं ने झूठी कहानी को खत्म कर दिया, और यह स्वीकार करना पड़ा कि प्राकृतिक प्रतिरक्षा टीके से प्रेरित प्रतिरक्षा से बेहतर थी।

एफडीए भी कमीशन नहीं तो चूक के कृत्यों में शामिल था। प्रतिष्ठित ब्रिटिश मेडिकल जर्नल (बीएमजे) के एक खोजी लेख के अनुसार, फाइजर वैक्सीन परीक्षण करने वाले केंद्रों में से एक में घोर अनियमितताएं थीं।केंद्र के निदेशक ने वैक्सीन परीक्षणों के दौरान खराब गुणवत्ता नियंत्रण जैसे अप्रशिक्षित टीका लगाने वालों, खराब अनुवर्ती प्रतिकूल घटनाओं, असंबद्ध प्रतिभागियों और अन्य खामियों की सूचना एफडीए को दी।इन खामियों की जानकारी होने पर भी इस नियामक संस्था ने कोई कार्रवाई नहीं की। जले पर नमक छिड़कने के लिए, व्हिसलब्लोअर को उसके नियोक्ताओं द्वारा सरसरी तौर पर बर्खास्त कर दिया गया।

सीडीसी जैसे सम्मानित निकायों और एफडीए जैसे नियामक अधिकारियों द्वारा चूक और कमीशन के ऐसे कृत्य बार्ड की करुणा को प्रतिध्वनित करते हैं और क्लासिक संगीत गीत में सवाल किया गया है कि अगर नाविक खुद नाव को डुबोएगा तो हमें डूबने से कौन बचाएगा। ""एट तू सीडीसी, एट तू एफडीए, दैन फ़ॉल साइंस!" या "माझी जो नाव डूबोए उसे कौन बचाये...""

यदि ओमीक्रॉन दूसरी नई गेंद है, तो इससे अधिक नुकसान होने की संभावना नहीं है क्योंकि पिच धीमी हो गई है।

यदि कोरोना वायरस का नया संस्करण टेस्ट मैच में दूसरी नई गेंद थी, तो इससे ज्यादा नुकसान होने की संभावना नहीं थी क्योंकि पिच धीमी हो गई थी और घास नहीं थी।

मौजूदा कोविड-19 महामारी को रोकने की रणनीति, जो सीमित ओवरों के क्रिकेट मैच की तरह शुरू हुई थी, संकट के लंबा खिंचने के कारण निर्बाध रूप से टेस्ट मैच का रूप ले लिया। प्रारंभिक वादा अधिकांश देशों में दो से तीन सप्ताह तक सीमित लॉकडाउन का था। यह स्पष्ट रूप से संचरण के "वक्र को समतल करने" और "श्रृंखला को तोड़ने" के लिए था, जिससे स्वास्थ्य के बुनियादी ढांचे को बढ़ावा देने और उन्हें अभिभूत होने से रोकने के लिए समय मिल सके। यह अपेक्षित अल्पकालिक पैंतरेबाज़ी अधिकांश में दीर्घकालिक प्रतिबंधों में बदल गई देश कोने-कोने में वैक्सीन की उपलब्धता की प्रत्याशा में हैं, महामारी ने "दूसरी नई गेंद" के आगमन के साथ खेल के सबसे लंबे संस्करण में बसने का खतरा पैदा कर दिया है, जो उपन्यास कोरोनवायरस का ओमीक्रॉन संस्करण है।

पहली नई गेंद कथित निप और गति के साथ डेल्टा संस्करण थी। इस पहली नई गेंद की घबराहट के कारण बड़ी संख्या में मौतें हुईं क्योंकि बड़ी

संख्या में बिना लक्षण वाले और हल्के मामले एक तरह की "चिकित्सा भगदड़" में अस्पतालों में प्रवेश के लिए दौड़ पड़े। इससे जुड़ी अराजकता और अराजकता ने उन रोगियों की देखभाल को प्रभावित किया जिन्हें वास्तव में इसकी आवश्यकता थी। यह इससे बड़ी संख्या में मौतें हुईं जिनमें से कुछ को रोका जा सकता था यदि महामारी का प्रबंधन सार्वजनिक स्वास्थ्य के सिद्धांतों के अनुसार किया जाता।

दूसरी नई गेंद, ओमनीक्रॉन संस्करण के आगमन के साथ वही रणनीतिक गलतियाँ करने से बचने के लिए, हमें न केवल नई गेंद पर बल्कि पिच पर भी कड़ी नज़र रखनी चाहिए जो नई गेंद के स्विंग और निप को प्रभावित करती है। टेस्ट मैच के आखिरी दिनों में पिच से घास और गति खत्म हो जाती है। जनसंख्या में भी मुख्य रूप से प्राकृतिक संक्रमण से उबरने के बाद बहुत उच्च स्तर की सामूहिक प्रतिरक्षा विकसित होती है जो अधिक मजबूत और लंबे समय तक चलने वाली प्रतिरक्षा प्रदान करती है।

जीवित रहने के लिए वायरस प्रकृति के अनुकूलन के नियमों डार्विन के नियम का पालन करते हैं। ये अनुकूलन उत्परिवर्तन, प्राकृतिक घटनाओं के माध्यम से होते हैं, नए नहीं होते, प्रतिकृति के दौरान त्रुटियों के कारण होते हैं, और कभी-कभी चयन दबाव के कारण होते हैं, जैसे महामारी के दौरान बड़े पैमाने पर टीकाकरण। सफल परजीविता के सिद्धांतों के अनुसार, यह अनुकूलन वायरस और मनुष्य दोनों के लिए फायदेमंद है। जो त्रुटियां वायरस को जीवित रहने के लिए सबसे उपयुक्त बनाती हैं, वे फैलती हैं जबकि अन्य प्राकृतिक चयन के नियमों के कारण हार जाते हैं। घातक या विषैले उपभेद पीड़ित के साथ नष्ट हो जाते हैं, जिससे अंततः संक्रमण हो जाता है। कम विषाणु वाले उपभेद जो मारते नहीं हैं लेकिन लक्षण पैदा करते हैं, वे भी दूर तक नहीं जाते हैं क्योंकि मरीज़ आत्म-अलगाव का सहारा लेते हैं। नोवेल कोरोना वायरस में ऐसे हजारों उत्परिवर्तन पहले ही हो चुके हैं, जिनमें से अधिकांश का पता नहीं चल पाया है।

उत्परिवर्ती उपभेद, जो जीवित रहते हैं और दूर तक जाते हैं, सबसे कम विषैले होते हैं जो मेजबान को नहीं मारते हैं और बहुत हल्के लक्षण पैदा करते

हैं, यदि कोई हो। ऐसे सौम्य वेरिएंट से संक्रमित लोग दूसरों के साथ घुलमिल जाएंगे और इन म्यूटेंट को दूर-दूर तक फैलाएंगे। उच्च संक्रामकता सीधे तौर पर उच्च घातकता में परिवर्तित नहीं होती है। नया उत्परिवर्ती ओम्रिक्रॉन डार्विन के प्राकृतिक चयन के नियम का पूरी तरह से पालन कर रहा है। अब तक की रिपोर्टों से पता चलता है कि यह बहुत हल्के स्व-सीमित लक्षणों का कारण बनता है।

इसलिए, यह बहुत महत्वपूर्ण है कि हर अगले वैरिएंट पर पैनिक बटन न उठाया जाए, जो प्राकृतिक चयन के नियमों के अनुसार अधिक सौम्य होगा, सीमाओं को सील करके और संगरोध और लॉकडाउन लागू करके, ऐसे उपाय जिनसे संचरण में कोई रुकावट नहीं आई। पहले के कम संक्रामक वेरिएंट। ये गलतियाँ लोगों के बीच भय और चिंता बढ़ा देंगी, जिससे चिकित्सा भगदड़ मच जाएगी, जहाँ बिना लक्षण वाले मरीज़ अस्पताल के बिस्तर भर देंगे और चिकित्सा संसाधनों को ख़त्म कर देंगे, जिससे गंभीर मामलों में आवश्यक प्रबंधन से वंचित रह जाएंगे।

भारतीय आबादी के बड़े हिस्से में प्राकृतिक संक्रमण से प्रतिरक्षा होती है, जो वैक्सीन प्रतिरक्षा की तुलना में हमेशा अधिक मजबूत और अधिक लंबे समय तक चलने वाली प्रतिरक्षा प्रदान करती है, क्योंकि शरीर की प्रतिरक्षा प्रणाली और स्मृति और टी कोशिकाएं पूरे वायरस के संपर्क में 10-15 दिनों के लिए रहती हैं। वैक्सीन से प्रेरित प्रतिरक्षा जो केवल स्पाइक प्रोटीन (जहां 30 उत्परिवर्तन हुए हैं) पर निर्देशित होती है, ओम्रिक्रॉन और उसके बाद के म्यूटेंट देश में कोई समस्या पैदा नहीं करेंगे। दूसरी ओर, उनकी उच्च संक्रामकता के साथ-साथ नगण्य घातकता के कारण, वे महामारी पर पूर्ण ब्रेक लगाकर जनसंख्या स्तर की प्रतिरक्षा को और भी अधिक बढ़ा सकते हैं, जो पहले से ही भारत में स्थानिक स्थिति में प्रवेश कर चुकी है, जिससे यह पूरी तरह से रुक जाएगी।

ऐतिहासिक रूप से, दशकों के बाद भी प्राकृतिक संक्रमण टीकाकरण के बिना भी लंबे समय तक चलने वाली प्रतिरक्षा प्रदान करते हैं। ऐसा 2009 में

एचआईएनआई महामारी के साथ हुआ था जब 60 वर्ष से अधिक उम्र के लोगों पर युवाओं की तुलना में हल्का प्रभाव पड़ा था।

नोवेल कोरोना वायरस के प्रति प्रतिरक्षा भी पिछले सार्स संक्रमण से संक्रमण से क्रॉस प्रतिरक्षा दर्शाती है। प्रकाशित शोध के अनुसार 17 साल पहले एसएआरएस- कोवी-1 के संपर्क में आए लोगों में एसएआरएस- कोवी-2 के प्रति मजबूत टी-सेल प्रतिरक्षा देखी गई।

इन सभी कारकों को ध्यान में रखते हुए, ओम्रिक्रॉन और उसके बाद के वेरिएंट जनसंख्या स्तर पर वह हासिल कर सकते हैं जो किसी भी आदर्श टीके को हासिल करना चाहिए, यानी मृत्यु या अस्पताल में भर्ती हुए बिना झुंड प्रतिरक्षा को बढ़ाना। विशाल संसाधनों के साथ इस तरह के हल्के संस्करण का पीछा करना सामान्य सर्दी का पीछा करने के समान है। बिना लक्षण वाले मामलों को छोड़कर केवल मध्यम से गंभीर मामलों की निगरानी की जानी चाहिए।

अंतिम लेकिन महत्वपूर्ण बात यह है कि फार्मास्युटिकल उद्योग, निजी खिलाड़ियों, राजनेताओं और कैरियर वैज्ञानिकों सहित हितों के टकराव वाले हितधारकों को ""क्वारंटाइन" किया जाना चाहिए। यह अच्छे विज्ञान को बढ़ावा देगा और मानवता को वापस विवेक की ओर ले जाएगा। इससे कुछ भी कम होने पर शून्य कोविड मामलों का बेतहाशा पीछा किया जाएगा, भले ही नए वेरिएंट के कारण शून्य मौतें हों, जिससे भारी आर्थिक और सामाजिक झटका लगे।

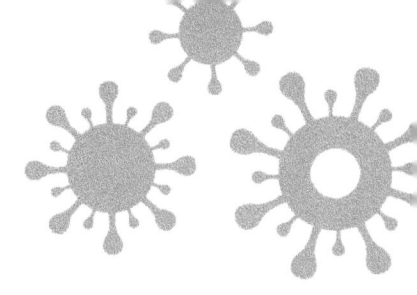

कोविड-19 शतरंज खेल: क्या हम बोर्ड पर सभी मोहरे और उनके संयोजन देख रहे हैं?

चिकित्सक एक समय में केवल एक ही टुकड़ा देखता है, महामारी विशेषज्ञ सभी टुकड़े और उनके संयोजन देखता है जो सार्वजनिक स्वास्थ्य समस्याओं से निपटने के लिए आवश्यक है।

महामारी विज्ञान पढ़ाने के मेरे पसंदीदा तरीकों में से एक इस आकर्षक क्षेत्र की तुलना शतरंज के खेल से करना है। जबकि व्यक्तिगत रोगियों का इलाज करने वाला एक चिकित्सक बीमारी की समस्या को टुकड़ों में देखता है, एक महामारी विज्ञानी बड़ी तस्वीर देखता है।

शतरंज में, नौसिखिया रानी से मोहित हो जाता है और अन्य मोहरों की उपेक्षा कर देता है। एक अच्छा खिलाड़ी शतरंज के सभी मोहरों और मोहरों के एक-दूसरे के साथ संयोजन को भी देखता है। एक नौसिखिया जो केवल रानी पर ध्यान केंद्रित करता है वह एक अनुभवी खिलाड़ी से आसानी से हार जाता है। शतरंज में जीतने के लिए अपने मोहरों के साथ-साथ प्रतिद्वंद्वी के मोहरों और उनके एक-दूसरे से संबंध को देखना महत्वपूर्ण है।

पिछले दो वर्षों से शतरंज बोर्ड पर कोविड-19 वायरस रानी था।नौसिखिए खिलाड़ियों जैसे सेल्फ स्टाइल विशेषज्ञों की दृष्टि शतरंज बोर्ड पर अन्य मोहरों और उनके संयोजनों पर स्पष्ट रूप से केंद्रित थी, जिस पर कोविड-19 शतरंज का खेल खेला जाता रहा। शुरुआती चरण से ही, यानी मई 2020 से, एशियाई और अफ्रीकी देशों का प्रतिनिधित्व करने वाले अश्वेत जीत रहे थे। यह बढ़त पूरी महामारी के दौरान जारी है..

पश्चिमी, एशियाई और अफ्रीकी देशों के नमूने से 03 मई 2020 और 12 दिसंबर 2021 को प्रति मिलियन जनसंख्या पर मृत्यु दर्शाने वाले डेटा पर एक त्वरित नज़र डालने से यह स्पष्ट हो जाएगा [तालिका 1-3]।

अधिकांश एशियाई और अफ्रीकी देशों की तुलना में पश्चिमी देशों में बहुत कम जनसंख्या घनत्व के साथ बेहतर स्वच्छता और साफ-सफाई है, फिर भी वे पिछड़े हुए हैं। अधिकांश अफ्रीकी और दक्षिण एशियाई देशों में जनसंख्या घनत्व बहुत अधिक है और उनकी आबादी का एक बड़ा हिस्सा झुग्गियों में रहता है जहाँ "शारीरिक दूरी" और ""हाथ धोना" जैसे उपायों को बढ़ावा दिया गया है ताकि कोविड-19 के प्रसार को नियंत्रित किया जा सके। साथ ही यह संभव नहीं है। बोर्ड के काले हिस्से में सफेद की तुलना में कई गुना कम टीकाकरण कवर होता है।

तालिकाओं में दिखाए गए अफ्रीका और दक्षिण एशिया के लगभग सभी देशों में एक ही पैटर्न देखा जा सकता है। पश्चिमी देश, जो शारीरिक दूरी बनाए रखने और बार-बार हाथ धोने के विशेषाधिकार का पालन कर सकते हैं और बहुत अधिक टीकाकरण कवरेज के साथ, पूरी महामारी के दौरान, दक्षिण एशियाई

और अफ्रीकी देशों की भीड़-भाड़ वाली और अस्वच्छ आबादी की तुलना में कोविड-19 से कई गुना अधिक मौतें हो रही है, बहुत कम टीकाकरण कवरेज।

तालिका 1. कुछ पश्चिमी देशों में कोविड-19 से मौतें

देश	मृत्यु/**IM** जनसंख्या **03** मई **2020**	मृत्यु/**IM** जनसंख्या **12** दिसंबर **2021**	औसत आयु (वर्ष)	अधिक वजन%	**% 12** दिसंबर **2021** तक पूरी तरह से टीकाकरण
यूएसए	204	2450	38.1	67.9	60.6
स्पेन	540	1889	42.5	61.6	79.6
इटली	475	2234	45.5	58.5	74.3
फ्रांस	379	1838	41.4	59.5	71
यूके	414	2140	40.5	63.7	69.47
जर्मनी	81	1262	47.1	56.8	69.5
ब्राज़िल	35	2873	42.4	57.3	65.6
स्वीडन	265	1488	41.2	56.4	70.17
बेलोरूस	10	557	40	59.4	30.5

तालिका 2. कुछ एशियाई देशों में कोविड-19 से मौतें

देश	मृत्यु/IM जनसंख्या **03 मई 2020**	मृत्यु/IM जनसंख्या **12 दिसंबर 2021**	औसत आयु (वर्ष)	अधिक वजन%	**% 12** दिसंबर **2021** तक पूरी तरह से टीकाकरण
भारत	1.0	340	27.9	19.7	36.37
पाकिस्तान	2	127	23.8	28.4	25.41
अफ़ग़ानिस्तान 2		182	18.8	23	9.27
श्रीलंका	0.3	677	32.8	23.3	63.47
बांग्लादेश		177	26.7	20	25.31
मालदीव	2	464	28.2	30.6	62.5
नेपाल	Nil	386	24.1	21	29.9
जापान	3.86	146	48.4	24.6	77.8

तालिका 3. कुछ अफ़्रीकी देशों में कोविड-19 से मौतें

देश	मृत्यु/IM जनसंख्या **03** मई **2020**	मृत्यु/IM जनसंख्या **12** दिसंबर **2021**	औसत आयु (वर्ष)	अधिक वजन%	**% 12** दिसंबर **2021** तक पूरी तरह से टीकाकरण
नाइजीरिया	0.4	14	18.4	28.9	1.9
इथियोपिया	0.03	57	17.9	20.9	1.32
मिस्र	4	200	23.9	63.5	14.41
डीआर कांगो	0.4	12	28.l	25.3	0.18
तंजानिया	0.3	12	17.7	26.0	1.51
दक्षिण अफ़्रीका	2	1492	27.l	53.8	29.36
केन्या	0.4	96	19.7	25.5	5.98
युगांडा	Nil	68	15.8	22.4	2.87

हमने क्या खोया? हम सभी के लिए एक ही साइज़ पर ज़ोर क्यों देते रहे? जाहिर तौर पर शतरंज बोर्ड के सफेद और काले पक्ष पर कुछ बहुत अलग था। आइए बोर्ड के अन्य टुकड़ों पर नजर डालें। जैसा कि तालिकाओं से स्पष्ट प्रतीत होगा, पश्चिमी देशों में एशियाई और अफ्रीकी देशों की तुलना में औसत आयु और मोटापे का स्तर बहुत अधिक है। अधिक उम्र का संबंध कोविड-19 से अधिक मृत्यु दर से है। मोटापा भी ऐसा ही है, यह फेफड़ों की कार्यप्रणाली से समझौता करता है और उच्च रक्तचाप और मधुमेह जैसी अन्य सह-रुग्णताओं के लिए एक सरोगेट मार्कर भी है, ये स्थितियां कोविड-19 संक्रमण से खराब परिणाम बढ़ा रही हैं। ऐसा लगता है कि मोटापे का थोड़ा अधिक प्रसार भी कोविड-19 से मृत्यु दर को बढ़ा देता है। अफ्रीकी देशों में, मिस्र और दक्षिण अफ्रीका में मोटापे की दर अधिक है और अफ्रीका में कोविड-19 से मृत्यु दर भी अधिक है, हालांकि पश्चिमी देशों की तुलना में यह बहुत कम है। दो देशों, जापान और ब्राज़ील का अनुभव भी कुछ सुराग प्रदान करता है कि दोनों कारकों, उम्र या मोटापा, में से कौन सा कारक, कोविड-19 से मृत्यु दर के लिए अधिक जोखिम है। जापान में औसत आयु उच्च है, जो अधिकांश पश्चिमी देशों की तुलना में अधिक है। हालाँकि, पश्चिम की तुलना में अधिक वजन की कम दर से इस नुकसान की भरपाई हो जाती है। दूसरी ओर ब्राजील में युवा आबादी है लेकिन अधिक वजन वाले लोगों का अनुपात अधिक है।अधिक उम्र के बावजूद जापान में ब्राजील और अधिकांश पश्चिमी देशों की तुलना में कोविड-19 से बहुत कम मौतें हुई हैं, जो इंगित करता है कि मोटापा कोविड-19 के प्रतिकूल परिणाम का एक प्रमुख जोखिम कारक है।

कुछ लोगों ने यह भी सुझाव दिया है कि अन्य कोरोना वायरस के साथ पिछले संक्रमण, संभवतः भीड़भाड़ वाले रहने की स्थिति में, कोविड-19 के खिलाफ क्रॉस इम्युनिटी प्रदान कर सकते हैं, इसकी पुष्टि उचित अध्ययनों से की जानी चाहिए।

तालिकाओं में डेटा पर नजर डालने से पता चलता है कि पूरी तरह से टीकाकरण की गई आबादी का प्रतिशत भी देश स्तर पर कोविड-19 से मृत्यु दर से संबंधित नहीं है। यह चिंता का कारण होना चाहिए क्योंकि दुनिया

एकाग्रचित्त होकर भारी कीमत पर सार्वभौमिक सामूहिक टीकाकरण के लक्ष्य का पीछा कर रही है।

यह संभव है कि जनसंख्या की कम आयु, अधिक वजन का कम प्रसार और अन्य कोरोनोवायरस के साथ पिछले संक्रमण जैसे कारक संयोजन में काम कर रहे हों (कमजोर शतरंज के मोहरे की तरह) शतरंज बोर्ड के काले पक्ष में कोविड -19 रानी को फंसाने के लिए, और टीकाकरण पहले लागू किए गए अन्य कुंद और अक्सर कठोर उपायों की तरह बहुत मामूली प्रभाव हो सकता है। हार्वर्ड यूनिवर्सिटी के शोधकर्ताओं द्वारा किया गया और यूरोपियन जर्नल ऑफ एपिडेमियोलॉजी में प्रकाशित एक अध्ययन भी चिंताजनक है। यह पेपर रिपोर्ट करता है कि 68 देशों और 2947 अमेरिकी काउंटियों में कोविड-19 की घटनाओं पर बड़े पैमाने पर टीकाकरण का कोई प्रभाव नहीं पड़ा।

मुख्य संदेश यह है कि महामारी विज्ञान दृष्टिकोण को वर्तमान और भविष्य की महामारियों से निपटने के लिए विभिन्न देशों और क्षेत्रों में सभी कारकों और उनके संयोजनों को देखना चाहिए।

www.ingramcontent.com/pod-product-compliance
Lightning Source LLC
LaVergne TN
LVHW061617070526
838199LV00078B/7322
* 9 7 8 9 3 6 2 6 1 3 3 2 5 *